HENRI V
comte de Chambord
ou le « fier suicide » de la royauté

CHRISTINE DE BUZON

HENRI V
comte de Chambord
ou le « fier suicide »
de la royauté

Albin Michel

© Éditions Albin Michel S.A., 1987
22, rue Huyghens, 75014 Paris

ISBN 2-226-03183-9
ISSN 0297-7001

Introduction

L'histoire d'Henri V est celle du dernier héritier de la branche aînée des Bourbons.

La naissance du prince avait été saluée comme celle de l'« enfant du miracle » et l'on avait accumulé les présages heureux de sa prospérité future : ainsi le don du château de Chambord, monument de la royauté acquis par souscription nationale, devait symboliser la pérennité d'une monarchie capétienne restaurée après l'intervalle de la Révolution de 1789 et de l'Empire napoléonien.

En 1814, six ans avant sa naissance, la restauration de la monarchie avait été assurée par Louis XVIII, puis par Charles X, tous deux frères du dernier roi d'Ancien Régime, Louis XVI.

En juillet 1830, Charles X abdiqua, ainsi que son fils aîné, en faveur de l'enfant de son second fils, Henri, duc de Bordeaux. Mais il ne put le faire proclamer roi sous le nom d'Henri V. Louis-Philippe, chef de la branche cadette des Orléans, avait été porté au pouvoir et l'avait écarté de la succession.

La famille royale représentant la branche aînée, ulcérée par cette usurpation, avait pris le chemin de l'exil. Pour Henri V, cet exil commencé à l'âge de dix ans dura plus d'un demi-siècle. Hors de France, il prit le titre de courtoisie de comte de Chambord, en souvenir du domaine qui resta sa propriété.

Sans avoir jamais régné, Henri V a porté de multiples espoirs. De 1830 à 1873, les souverains de l'Europe entière se sont inquiétés ou réjouis de l'éventualité de son retour au nom du principe de la légitimité.

En France, les légitimistes souhaitèrent son rappel après la chute de Louis-Philippe et la révolution de 1848, et plus encore en cette année 1870 marquée par le désastreux écroulement de l'Empire.

La forte majorité monarchiste à la Chambre à partir de 1871, la présence de Mac-Mahon en 1873 et enfin la réconciliation des princes d'Orléans avec Henri V cette même année ne provoquèrent pas une seconde restauration. On a dit que le prince n'avait été mû que par sa fidélité au drapeau blanc. Pour être véridique, cette interprétation n'en est pas moins incomplète. Henri V avait un idéal monarchique qu'il ne put mettre en œuvre parce qu'il était incompatible avec la nouvelle réalité sociale : la France avait profondément changé et trouva en la IIIe République, installée de fait, l'expression politique de ses vœux.

Restait à accomplir le « fier suicide » de la royauté : jamais Henri V ne porta aussi haut le sentiment de son honneur.

Le règne fictif d'Henri V, dans sa dernière résidence de Frohsdorf, déçut la plupart de ses partisans. Le comte de Chambord avait toujours refusé d'être « le roi légitime de la révolution », mais se flattait, disait-il, d'avoir « conservé le dépôt sacré de nos traditions et de nos libertés ». Et l'on connaît sa formule : « Ma personne n'est rien, mon principe est tout. » Étrange déclaration qui nous invite à redécouvrir le personnage et le principe de la souveraineté pour lequel il vécut.

De multiples témoignages et jusqu'à la légende, transmise également par une abondante iconographie, permettent d'approcher un règne par correspondance.

Le modèle politique construit par Henri V pour définir sa mission apparaît avec une certaine éloquence dans ses Manifestes.

Mais l'élaboration de ce modèle apparaît plus précisément dans ses lettres qui commentaient, à leur manière, les épisodes marquants des luttes — il disait des « essais » — du XIXe siècle.

Toute correspondance rend sensible une distance : de Venise, de Salzbourg ou de Frohsdorf, l'attention portée aux affaires françaises ne saurait masquer qu'il n'a pas su renouer la chaîne des siècles.

Cantonné dans un idéal inaccessible, le comte de Chambord, dernier des Capétiens de la branche aînée, offre, dans son refus hautain du trône, le pendant et l'antithèse de son lointain ancêtre Hugues Capet qui accédait au pouvoir neuf cents ans auparavant...

I

L'enfance

L'assassinat de Charles-Ferdinand de Berry

La généalogie d'Henri V, duc de Bordeaux, est illustre. Son père est Charles-Ferdinand d'Artois, duc de Berry, né en 1778, assassiné en 1820. Sa mère est Marie-Caroline de Bourbon-Siciles, née en 1798, morte en 1870.

Il a pour grands-parents paternels Charles X, roi de France, né en 1757, mort en 1836, et Marie-Thérèse de Savoie, née en 1756 et morte en 1805. Ses grands-parents maternels sont François Ier, roi des Deux-Siciles, né en 1777, mort en 1830, et Clémentine de Habsbourg-Lorraine, archiduchesse d'Autriche, née en 1779, morte en 1801.

Par Charles X, le duc de Bordeaux descend donc en droite ligne de Louis XV, de Louis XIV, d'Henri IV, de Saint Louis, de Philippe-Auguste et de Hugues Capet.

Par Marie-Thérèse, il descend de François Ier, de Louis XII, de Charles d'Orléans, de Charles V le Sage, de Philippe VI de Valois.

L'énumération des personnages illustres dans l'ascendance du duc de Bordeaux ne s'arrête pas là si l'on aborde la lignée des grands-parents maternels. Son grand-père maternel lui transmet le sang des Farnèse, et sa grand-mère celui des ducs de Lorraine.

11

Le fils aîné de Charles X, Louis, duc d'Angoulême, avait épousé, en 1799, Marie-Thérèse, fille de Louis XVI et de Marie-Antoinette. Ils n'eurent pas de postérité. Tous les espoirs dynastiques étaient mis dans l'établissement du second fils, le duc de Berry, et de Marie-Caroline de Bourbon-Siciles. Henri V fut leur unique fils et donc tout l'espoir de Charles X.

Marie-Caroline avait vingt ans de moins que son mari. Chateaubriand, dans ses *Mémoires, lettres et pièces authentiques touchant la vie et la mort de S.A.R. Monseigneur Charles-Ferdinand d'Artois, fils de France, duc de Berry,* publia la correspondance qu'ils échangèrent avant leur rencontre et leur mariage, et notamment pendant le voyage vers Paris de la future duchesse de Berry. Il conclut ainsi leurs portraits : « Mgr le duc de Berry et Mme la duchesse de Berry offraient un touchant rapport de destinées : sortis de la même race, tous deux Bourbons, tous deux ayant vu la chute du trône de leur famille, tous deux remontés à leur rang, ils n'avaient guère connu avant leur mariage que l'exil et l'infortune. Battus de la même tempête, ils s'étaient unis pour s'appuyer. »

La duchesse de Berry donna le jour à deux enfants qui ne vécurent pas : une fille (le 13 juillet 1817) et un garçon (le 13 septembre 1818). L'année suivante, le 21 septembre 1819, naissait Louise d'Artois qui deviendra duchesse de Parme.

L'attentat contre le duc de Berry eut lieu en février 1820, sept mois avant la naissance d'Henri, leur dernier enfant : on eut connaissance de l'état de Marie-Caroline pendant l'agonie de ce père posthume.

Charles-Ferdinand de Berry fut frappé d'un coup de couteau au cœur pendant une représentation donnée à l'Opéra, alors qu'il raccompagnait sa jeune femme à sa voiture. Des circonstances de l'attentat perpétré à l'époque du carnaval,

Chateaubriand nous donne dans ses *Mémoires, lettres et pièces authentiques...* un récit pathétique :

« Ce n'est pas la première fois que le sang chrétien a coulé dans ces spectacles que l'Église a appelés le petit paganisme, *dans ces jours gras consacrés au vieillard portant la faux.* C'est pour les fidèles une tradition des jeux de l'amphithéâtre, un héritage du martyre.

« Le dimanche 13 février, Mgr le duc et Mme la duchesse de Berry allèrent à l'Opéra, où les danses et les jeux étaient appropriés aux folies de ce temps de l'année. Ils profitèrent d'un entracte pour visiter, dans leur loge, Mgr le duc et Mme la duchesse d'Orléans. Mgr le duc de Berry caressa les enfants et joua avec le petit duc de Chartres. Témoin de cette union des princes, le public applaudit à diverses reprises.

« Mme la duchesse de Berry, en retournant à sa loge, fut heurtée par la porte d'une autre loge qui vint à s'ouvrir. Bientôt elle se trouva fatiguée, et voulut se retirer : il était onze heures moins quelques minutes. Mgr le duc de Berry la reconduisit à sa voiture, comptant rentrer ensuite au spectacle.

« Le carrosse de Mme la duchesse de Berry s'était approché de la porte. Les hommes de garde étaient restés dans l'intérieur ; depuis longtemps le Prince ne souffrait pas qu'ils sortissent : un seul, en faction, présentait les armes et tournait le dos à la rue de Richelieu. M. le comte de Choiseul, aide de camp de Monseigneur, était à la droite du factionnaire, au coin de la porte d'entrée, tournant également le dos à la rue de Richelieu.

« M. le comte de Mesnard, premier écuyer de Mme la duchesse de Berry, lui donna la main gauche pour monter dans son carrosse, ainsi qu'à Mme la comtesse de Béthizy : Mgr le duc de Berry leur donnait la main droite. M. le comte de Clermont-Lodève, gentilhomme d'honneur du Prince, était derrière le Prince, attendant que Son Altesse Royale rentrât, pour le suivre ou le précéder.

« Alors un homme, venant du côté de la rue de Richelieu, passe rapidement entre le factionnaire et un valet de
pied qui relevait le marchepied du carrosse. Il heurte ce
dernier, se jette sur le Prince, au moment où celui-ci, se
retournant pour rentrer à l'Opéra, disait à Mme la duchesse
de Berry : " Adieu, nous nous reverrons bientôt. " L'assassin
appuyant la main gauche sur l'épaule du Prince, le frappe
de la main droite, au côté droit, un peu au-dessous du sein.
M. le comte de Choiseul, prenant ce misérable pour un
homme qui en rencontre un autre en courant, le repousse
en lui disant : " Prenez donc garde à ce que vous faites. " Ce
qu'il avait fait était fait !

« Poussé par l'assassin sur M. le comte de Mesnard, le
Prince porta la main sur le côté où il n'avait cru recevoir
qu'une contusion ; et tout à coup il dit : " Je suis assassiné !
cet homme m'a tué ! " — " Seriez-vous blessé, Monseigneur ? " s'écrie le comte de Mesnard — et le Prince répli-
que d'une voix forte : " Je suis mort, je suis mort, je tiens le
poignard ! "

« Le duc fut conduit à un banc dans le passage où se
tenait la garde. La duchesse s'était précipitée à son secours
tandis que l'on s'emparait de l'assassin qui fuyait par la rue
de Richelieu. »

Cette nuit-là, trois scènes se déroulèrent simultanément :
sur celle de l'Opéra le spectacle continuait. A proximité de
la salle de spectacle, un homme, Louvel, était interrogé tandis qu'enfin le duc agonisait. Les médecins furent appelés,
ainsi que l'évêque de Chartres et les autres membres de la
famille, à l'exception du duc et de la duchesse d'Orléans,
déjà présents au spectacle.

Le chirurgien Dupuytren examina la blessure et décida
d'intervenir après avoir consulté les autres médecins présents. « Un moment de calme suivit l'élargissement de la
plaie (...). Dans cet intervalle de repos, il adressa ces paroles
à Mme la duchesse de Berry : " Mon amie, ne vous laissez

pas accabler par la douleur ; ménagez-vous pour l'enfant que vous portez dans votre sein. " (...) L'attendrissement redoubla en même temps pour le Prince qui laisse à la Patrie pour bienfait cette dernière espérance. Il s'en va ce Prince ; il semble emporter avec lui toute une monarchie, et à l'instant même il en annonce une autre. Ô Dieu ! feriez-vous sortir notre salut de notre perte même ? La mort cruelle d'un Fils de France a-t-elle été résolue dans votre colère ou votre miséricorde ? Est-elle une dernière restauration du trône légitime, ou la chute de l'empire de Clovis ?

« On attendait le Roi : le duc de Berry disait : " Je n'aurai pas le temps de demander grâce pour la vie de l'homme ", et faisait promettre à son père et à son frère de demander cette grâce au Roi.

« Le duc de Berry fit venir deux petites étrangères, " filles de son long exil ", pour les embrasser et les confier à Marie-Caroline de Berry jugeant " assez bien de la vertu de sa femme ". » L'émotion de l'assemblée est à son comble : « On était partagé entre l'attendrissement pour le Prince et l'admiration pour la Princesse. » En juin 1820, Louis XVIII légitimait Charlotte future princesse de Faucigny-Lucinge et Louise qui devait épouser le baron de Charette. Elles resteront très liées à la duchesse de Berry.

Après la confession, le mourant fut remis sur son lit et attendit l'extrême-onction. « Il ressentait des douleurs cruelles. » Le contraste entre ces souffrances de l'agonie et la fête, son décor et sa musique est ainsi décrit par Chateaubriand : « Nuit d'épouvante et de plaisir ! nuit de vertus et de crimes ! Lorsque le Fils de France avait été porté dans le cabinet de sa loge, le spectacle durait encore. D'un côté on entendait les sons de la musique, de l'autre les soupirs du Prince expirant ; un rideau séparait les folies du monde de la destruction d'un empire. Le prêtre qui apporta les saintes huiles traversa une troupe de masques. Soldat du Christ, armé pour ainsi dire de Dieu, il emporta d'assaut l'asile

15

dont l'Église lui interdisait l'entrée, et vint, le crucifix à la main, délivrer un captif dans la prison de l'ennemi. »

L'assurance de Louvel indigne Chateaubriand : « Une autre scène se passait près de là : on interrogeait l'assassin. Il déclarait son nom, s'applaudissait de son crime ; il déclarait qu'il avait frappé Mgr le duc de Berry pour tuer en lui toute sa race ; que si lui, meurtrier, s'était échappé, il serait allé *se coucher* (Chateaubriand souligne) (...) *Se coucher !* Pour dormir ! Malheureux ! votre bienveillante victime avait-elle jamais troublé votre sommeil ? »

A cinq heures, le roi arriva, et ne promit point la grâce de la vie de l'homme que le duc n'appelait « pas même son assassin ». « Après tant de scènes produites par la révolution, nul n'aurait imaginé d'aller chercher tous les Bourbons réunis, au lever de l'aube, dans une salle de spectacle déserte, autour du lit de leur dernier fils assassiné. »

Chateaubriand évoque ensuite la douleur publique et jusqu'à des morts bien étranges : « Plusieurs personnes moururent subitement, en apprenant l'assassinat de Mgr le duc de Berry : des prêtres tombèrent à l'autel ; et jusque dans les pays étrangers, ces morts surnaturelles se renouvelèrent aux services funèbres du Prince. Les Rois pleurèrent sur leur trône, et se crurent eux-mêmes frappés. »

Les obsèques eurent lieu en la basilique de Saint-Denis. « Des cordons de lumière se dessinaient sur les draperies funèbres : des lampadaires, des candélabres d'argent, des colonnes qui *semblaient porter jusqu'au ciel,* comme dit Bossuet, *le magnifique témoignage de notre néant,* une large croix de fer dans le sanctuaire, tout enfin surpassait l'idée qu'on avait pu se faire de cette pompe. » A deux reprises, Chateaubriand revient sur l'excès de décorum d'une église « qui étalait les richesses extérieures de la mort » : ces « honneurs qui avaient fui Mgr le duc de Berry pendant sa vie, l'accablèrent après sa mort », et il ajoute, frappé d'une inspiration prophétique, qu'« il y avait tant de grandeur dans cette pompe, qu'on aurait cru assister aux funérailles de la monarchie ».

Selon Chateaubriand, ces obsèques grandioses n'éloignè-rent pas le peuple de sa compassion naturelle pour la dou-leur de Marie-Caroline et de Louise, la petite orpheline, qui s'installèrent aux Tuileries : « Son malheur est aussi de ceux qui se font sentir à l'humanité entière. »

On crut voir un complot derrière l'acte de Louvel. L'assassinat du duc de Berry indigna les royalistes qui se plaignaient du premier ministre, Decazes. Certains l'accusè-rent, dont Chateaubriand. La Chambre délibéra, rejeta fina-lement l'accusation, mais Decazes, nommé duc par Louis XVIII, fut néanmoins remplacé par Richelieu.

L'ombre d'Henri IV

Les *Mémoires, lettres et pièces authentiques* du vicomte de Chateaubriand sont un long panégyrique du père d'Henri. Le texte s'achève par un hommage à la monarchie représen-tative et un éloge des Bourbons. Il donne aussi quelques éléments d'un parallèle à dresser entre Henri IV et Charles-Ferdinand, duc de Berry. Ce thème fondamental est destiné à faire entrer le prince dans la légende nationale.

Ainsi, à de nombreuses reprises, l'écrivain compare sa mort à celle d'Henri IV :

« La Fortune refusa à Mgr le duc de Berry la mort de Charette, pour lui réserver celle d'Henri IV : elle voulait le traiter en Roi » (1820, p. 126).

Il insiste sur le pressentiment qu'eurent Henri IV et le duc de leur fin prochaine, sur la similitude des circons-tances et même des armes utilisées : « Le couteau dont le Prince avait été frappé avait six à sept pouces de longueur. La lame en était plate, étroite, à deux tranchants, comme celle du couteau de Ravaillac, et extrêmement aiguë. »

Cette comparaison entre les deux princes, esquissée dans l'oraison funèbre prononcée à Saint-Denis le 14 mars 1820 par Hyacinthe-Louis de Quelen, archevêque de Trajanople, coadjuteur de Paris, se trouve amplifiée dans d'autres textes de contemporains. Ainsi l'*Éloge historique de Son Altesse Royale Charles-Ferdinand d'Artois, duc de Berry* propose ce portrait moral d'une simplicité étonnante : « On a dit que l'infortuné Duc de Berry avait quelques traits de ressemblance avec le bon Henri : c'est dire trop peu ; cette ressemblance est extraordinaire, incroyable ; il est aisé de s'en convaincre. Je suppose que, dans cinquante ans, un auteur, sans indiquer le nom du modèle, fera imprimer le portrait que je vais tracer :

« " La France posséda un Prince qui passa son enfance au milieu des troubles civils ; il reçut une éducation guerrière ; il ne vit dans les Français infidèles que des enfants égarés ; son cœur, inaccessible à la vengeance, fut toujours ouvert aux plaintes de l'infortune ; vif jusqu'à la brusquerie, il réparait les torts de sa vivacité avec tant de charme et de grâce, qu'on aurait presque été fâché qu'il ne les eût pas. Plein de noblesse et de franchise, il ne pouvait concevoir ni la trahison ni la bassesse : s'il fut entraîné quelquefois par l'ardeur des passions, il en conserva deux qui doivent lui faire pardonner les autres, l'amour de son pays et l'amour de sa gloire. Ce bon Prince mourut assassiné : la France ne s'en consolera jamais ; elle lui a consacré des monuments, et sa mémoire lui sera toujours chère. "

« Je le demande, ne pourrait-on pas mettre également au bas de ce portrait ou le nom d'HENRI IV ou le nom de BERRY ? »

La question rhétorique qui conclut ce portrait presque hagiographique voudrait n'appeler qu'un muet assentiment. Son auteur, Alissan de Chazet, a publié cet *Éloge* de Charles-Ferdinand en 1820 et l'a dédié à la duchesse de Berry.

La duchesse de Berry avait réclamé le cœur du prince « comme son bien ». A Chateaubriand qui avait mission de lui demander où elle voulait qu'il fût déposé, elle répondit : « Mes intentions sont arrêtées. Je vais faire construire à

Rosny un bâtiment composé d'un pavillon et de deux ailes ; dans l'une on soignera des malades, dans l'autre on élèvera de pauvres enfants ; le milieu sera une chapelle où l'on priera pour mon pauvre mari. » Le commentaire suivant de Chateaubriand clôt l'histoire de la vie et de la mort sur le nom même d'Henri IV : « Ce que le Prince chérissait davantage, c'était en effet les enfants et les pauvres : on ne pouvait mieux placer son cœur qu'entre deux monuments consacrés à ce qu'il aimait. C'est encore une heureuse circonstance qui fait d'un château de Sully le sanctuaire où reposera le cœur du petit-fils de Henri IV. »

Tout éloge des Bourbons, sous la Restauration principalement, évoque Louis IX pour sa sainteté, Henri IV, ce « bon Henri », pour ces qualités de cœur qui le rendirent populaire et Louis XIV pour sa grandeur. Si l'on ne doit citer qu'un seul nom, c'est Henri IV. Il est remarquable que cet argument de la propagande royaliste développé à la mort du duc de Berry se soit si naturellement reporté sur son fils, le duc de Bordeaux, dès sa naissance. L'homonymie favorisait l'identification d'Henri V à Henri IV au point d'être explicitement formulée, à maintes reprises, par lui-même. En fait, on lui prêta plaisamment ce mot : « Je veux être un Henri IV second. » Aux heures décisives de son existence, il proclama : « Henri V ne peut abandonner le drapeau blanc d'Henri IV. » Le rituel entourant sa naissance répéta symboliquement les gestes accomplis pour ce roi populaire.

La naissance d'Henri, duc de Bordeaux

Il semble que la duchesse de Berry n'ait jamais douté qu'elle aurait un fils.

Alissan de Chazet rapporte deux pressentiments qui étaient devenus des certitudes. « Le 21 septembre 1819, lorsqu'elle accoucha de Mademoiselle, elle dit, au milieu de

19

ses souffrances : " Rassurez-vous, dans un an, vous aurez un duc de Bordeaux. " Cette idée consolante prit à ses yeux encore plus de consistance, à la suite d'un rêve fort extraordinaire qu'elle fit au mois de mai dernier. Voici comment elle l'a raconté elle-même aux personnes de sa maison : " Cette nuit j'étais à l'Élysée ; je tenais par la main mes deux enfants, ma fille, et un jeune prince : j'ai vu alors distinctement Saint Louis ; il voulait couvrir de son manteau royal Mademoiselle ; je lui ai aussitôt présenté mon fils, et le saint Roi nous a enveloppés tous les trois dans son manteau, nous a bénis, et a couronné mes enfants. »

Cet extrait de *La nuit et la journée du 29 septembre 1820,* opuscule dédié aux Bordelais, cite à la suite des paroles de la duchesse de Berry le poème de Prosper Rodier qui a « rendu en vers très harmonieux » ce « songe prophétique et touchant » :

> *Le céleste monarque, alors s'approchant d'eux,*
> *De son manteau royal les couvre tous les deux,*
> *Les bénit, et, prenant son sacré diadème,*
> *De son auguste main les couronne lui-même.*
> *Cher époux, vois ton fils, vois ce nouveau Bourbon,*
> *Charles! Charles!... Hélas je m'éveille à ce nom...*

La duchesse de Berry se réveilla malencontreusement. Henri V n'a été couronné qu'en songe. Le rêve prémonitoire, qui ne manque pas de grandeur, s'interrompt fatalement avant de le représenter régnant.

Ce rêve a donné lieu à une gravure curieuse, conservée au musée des Arts décoratifs de Bordeaux. A simple vue, elle est anodine : elle représente une jeune femme allongée. Au pied du lit à droite, un buste. Seul un carré au centre de l'image frappe par sa blancheur.

De faibles dimensions, sans légende, cette gravure, qui est un *transparent,* représente Marie-Caroline de Berry, déjà veuve de Charles-Ferdinand, présent en effigie.

Il faut se placer devant une source lumineuse pour qu'une autre scène gravée apparaisse, comme en filigrane, au centre de la première : Saint Louis et Henri V, tous deux couronnés, surgissant d'une nuée lumineuse. Ce transparent donne du rêve une interprétation simplifiée mais éclatante. Cette image discrète autant que spirituelle se jouait de la censure qui accompagna la représentation d'Henri et de Marie-Caroline de Berry après 1830. Elle est vraisemblablement postérieure à cette date, et doit être rangée parmi les images séditieuses.

Le duc de Bordeaux naquit le 29 septembre 1820, jour de la Saint-Michel, aux Tuileries. L'accouchement fut dûment constaté par des témoins irrécusables : le docteur Deneux, la maréchale Oudinot, le maréchal Suchet, et des gardes nationaux dont M. Lainé. Ce dernier fit la déclaration suivante publiée dans *Le Moniteur* du 30 septembre 1820 : « Mr Nicolas, Victor Lainé, âgé de 24 ans, marchand épicier demeurant à Paris rue Tissandier 52, déclare ce qui suit : j'étais en faction à la porte du pavillon de Marsan, une dame vint m'engager à monter à l'appartement de Mme la duchesse de Berry pour attester que son A.R. était accouchée d'un prince. J'y montai, de suite je suis introduit dans la chambre de la Princesse où il n'y avait encore que Mr Deneux et une dame de la Maison. Au moment où j'entrais je remarquai que la pendule marquait deux heures 35 minutes. La Princesse m'a invité elle-même à vérifier le sexe de l'enfant et la circonstance qu'il n'est pas encore détaché du ventre de sa mère ; je reconnus en effet qu'il en était ainsi. Bientôt après, arrivent MM. Peingé et Dauphinot, Mr le duc d'Albuféra et ensuite M. Triozon. Ce n'est qu'en leur présence qu'eut lieu la section du cordon après vérification faite du sexe de l'enfant qui a été reconnu de sexe masculin. Signé Lainé. »

Avertie, la famille royale vint saluer la jeune mère et l'enfant. Louis XVIII offrit à sa nièce un bouquet de diamants en souvenir d'Henri IV. Il prit l'enfant dans ses bras, lui frotta les lèvres avec une tête d'ail que l'on avait fait parvenir de Pau et enfin lui fit boire quelques gouttes de vin de Jurançon.

Alissan de Chazet, qui raconte heure par heure aux « braves Bordelais » les détails de ce jour, ajoute : « Une vielle joue dans la rue l'air chéri des Français, et la Princesse chante *Vive Henri IV,* en tenant son fils dans les bras. » Ce détail qui tend encore à superposer au tableau de la naissance du futur Henri V la représentation de celle d'Henri IV le Béarnais est appuyée par des « pièces justificatives ». Elles établissent que la duchesse de Berry avait reçu « une boîte de pasteur des montagnes du Béarn » contenant l'historique de la naissance d'Henri IV selon la tradition de sa ville natale, le cantique et la chanson que Jeanne d'Albret chanta au moment d'accoucher et leurs traductions. Dernière offrande, la tête d'ail, cultivée par de bons royalistes et enveloppée dans un carré de lin, accompagnait l'envoi.

Au matin de ce 29 septembre, vingt-quatre coups de canon sont tirés des Invalides. Le treizième annonce la naissance d'un fils aux Parisiens. A sept heures, le roi fait connaître l'événement au préfet et aux douze maires de Paris par son maître de cérémonies. M. de Rochemore remet en effet la note suivante qui prescrit des réjouissances :

« De par le Roi,

« Très chers et bien aimés, la naissance d'un Prince, que la duchesse de Berry, notre très chère nièce, vient de mettre au jour, est un événement si conforme à nos désirs et aux vœux de nos sujets, que nous croyons ne pouvoir trop tôt en donner part à ceux de notre bonne ville de Paris, connaissant leur amour pour nous, et leur attachement au bien de l'État. Nous envoyons à cet effet le maître des cérémonies, qui vous dira en même temps que nous souhaitons que vous fassiez des réjouissances qui vous seront indiquées par notre ministre au département de l'Intérieur, conformément aux ordres que nous lui avons donnés. »

Ce matin-là, les Parisiens sont déjà nombreux à proximité des Tuileries. On entend cette chanson, qui raconte en toute naïveté, dans une transcription du français parlé, la satisfaction éprouvée :

C't Enfant qu' d'avance on adore
Nous disions-nous tout c't été
Pourquoi n'vient-i pas encore
Quand il en vient d' tous côtés
Morgué? moi ça m' tarabuste
De voir qu'il tarde com' ça,
Et si l'ciel veut être juste,
En r'tour des pleurs qu'on versa,
I nous f'ra
Cadeau de c' petit Ange-là.

A c' matin, l'espoir dans l'âme,
Près du pavillon Marsan
Je rôdions avec not' femme ;
V'là qu' j'entends des voix s' disant :
« Comm' les aut' i' saura plaire ;
I' s'ra brave et bon, oui dà !
Comm' son père et comm' sa mère :
Tout' la France l' chérira. »
Et sur ça
J' dis m'y v'là ;
C'est un p'tit Bourbon qu'est là.

J'embrass' ma femme, et j' l'emmène
Sur la terrass' du château
Qui déjà s' trouvait tout' pleine
D' Français du bon numéro ;
L' Roi, son frère, son n'veu, sa nièce
Bientôt de c'te naissanc'-là
En s' montrant r'doublent l'ivresse,

23

> *Et tout le monde s' dit : les v'là !*
> *Mais l' papa*
> *Malheureus'ment n'est pas là !*

On présente l'enfant aux Parisiens, et l'on ordonne l'ouverture au public du pavillon de Marsan. Le défilé dura jusqu'à la nuit. On organisa des feux d'artifice dans les jardins de la capitale.

Dans toute la France, l'événement fut célébré par des banquets, des fêtes et des messes d'action de grâces. L'enfant avait reçu les noms d'Henri-Charles-Ferdinand-Marie-Dieudonné d'Artois. Aux prénoms de Charles-Ferdinand, duc de Berry, son père, s'ajoutait celui de Dieudonné, que Louis XIV portait également, et qui rendait grâce du caractère providentiel de cette naissance.

Le roi avait décidé à l'avance du titre de duc de Bordeaux, car cette ville avait, la première, fait un accueil triomphal au duc d'Angoulême le 12 mars 1814 et arboré le drapeau blanc. Les dames de la halle de Bordeaux, fières de cette marque de reconnaissance, firent parvenir à la duchesse de Berry un berceau pour l'enfant. Ce meuble, souvent représenté dans les gravures commémoratives, est actuellement conservé au château de Selles-sur-Cher.

La nourrice avait été choisie à l'avance ; « son nom était d'un heureux augure : on aimait à penser que le frère de lait du duc de Bordeaux s'appelait *Bayard* ».

La voix des poètes

La naissance du duc de Bordeaux fut saluée par de multiples poèmes. Le premier, un impromptu composé « au bruit du canon » et lu quelques heures seulement après la naissance de l'enfant, est dû à Edmond Mennechet, un jeune poète qui venait de remporter le prix de poésie de l'Académie française :

> *C'est un Bourbon, France, qui vient de naître!*
> *C'est de tes rois l'auguste rejeton!*
> *Dès le berceau ce faible enfant doit être*
> *L'espoir du brave et la terreur du traître;*
> *C'est un Bourbon! C'est un Bourbon!*

Le comte H. de Valori compose une *Ode,* mêlant pleurs retenus et cris d'espérance, dont voici les quatre premières strophes :

> *Le bronze des autels et l'airain des batailles*
> *Ont salué vingt fois les portiques royaux!*
> *Paris n'a point assez pour parer ses murailles*
>   *De fleurs et de drapeaux*
>
> *Peuple réjouis-toi! la tombe est consolée!*
> *Le veuvage sourit en retenant ses pleurs,*
> *Et CAROLINE entend la voix du mausolée*
>   *Qui charme ses douleurs!*
>
> *Quels cris universels d'espérance et de joie!*
> *L'avenir est à nous : les temps sont accomplis;*
> *Dieu du manteau sacré que le trône déploie*
>   *A soulevé les plis!*
>
> *Il est né! le voilà! C'est sa première gloire :*
> *Aux dangers des héros BOURBON s'offre en naissant,*
> *Et son premier soupir atteste une victoire*
>   *Sur le crime impuissant.*

Une des *Stances* de Ch. du Rosoir, professeur d'histoire au collège Louis-le-Grand, salue ainsi Marie-Caroline :

Le ciel couronne enfin ta féconde souffrance,
Princesse bien-aimée, à qui France et Berry
En vain pour premier-né, dans leur impatience,
Demandaient un Henri !

Et puis il y eut des chansons...
La ronde du faubourg Saint-Antoine, intitulée *Encore un Bourbon !*, se chantait sur un air bien connu, et disait :

D'un' famille que l'Europe estime
Il vient consolider les droits
Vaut bien mieux un Roi légitime
Qu' tant de prétendants comme autrefois.

Comm' son aïeul, c' bon Henri Quatre,
A qui son pèr' a r'semblé tant,
Tout nous fait croir' qu'il saura s' battre,
Êtr' franc buveur et vert galant.

(...)

Pour bien célébrer la naissance
De ce royal gentil poupon,
Il faut boire autant d' coups j' pense
Qu'on a tiré de coups d' canon.

Le vin à la mode, c'est le vin de Bordeaux ! On en aurait bu deux cent mille bouteilles pour fêter cette naissance royale.

Ces deux derniers exemples donnent une idée de l'extrême grandiloquence ou de l'extrême simplicité des textes célébrant la naissance du duc de Bordeaux. Il fallait bien que se mêlent aux savants éloges les accents de voix plus populaires. Certains textes de circonstance ont été lus ou dits dans les théâtres qui firent preuve de zèle royaliste au soir du 29 septembre.

Les cinq actes d'*Athalie* émurent les spectateurs frappés par l'analogie de la situation antique et de la situation moderne : Joas fut le seul de la race de David qui échappa au massacre ordonné par Athalie. On admire « le flambeau presque éteint de David, qui vient de se rallumer comme celui des Bourbons, (et) ce faible enfant dont la naissance rallie tout Israël comme notre jeune Prince va rallier la France. (...) Jamais, non jamais, *Athalie* n'a produit un effet plus brillant, plus magique, plus enivrant : cette pièce de tous les temps semblait être la pièce du jour... » (Alissan de Chazet, *La nuit et la journée du 29 septembre 1820*).

Victor Hugo et Lamartine écrivirent les deux pièces qui demeurent les plus dignes de mémoire.

L'*Ode sur la naissance du duc de Bordeaux,* de Victor Hugo, datée d'octobre 1820, parut en plaquettes chez Boucher la même année, puis dans *Le Conservateur littéraire*. Elle fut reprise ensuite dans *Odes et poésies diverses* (devenues *Odes et Ballades*) parues chez Pelicier le 8 juin 1822. On rapporte que le premier acheteur de ce premier livre publié par Victor Hugo fut E. Mennechet. Une pension de 1 000 francs fut accordée au jeune poète par Louis XVIII le 28 août suivant.

Le poète s'adresse au voyageur, au père absent, à l'enfant lui-même :

> *Ô roi de ma pitié profonde*
> *Reçois l'hommage solennel*
> *Humble objet des regards du monde*
> *Privé du regard paternel !*
> *Puisses-tu, né dans la souffrance,*
> *Et de ta mère et de la France*
> *Consoler la longue douleur !*
> *Que le bras divin t'environne,*
> *Et puisse, ô Bourbon ! la couronne*
> *pour toi ne pas être un malheur !*

Puis aux soldats, au peuple, à la ville de Bordeaux, à la Vendée, à la duchesse de Berry qui a pu souhaiter de revenir en Italie près de sa famille après le meurtre de Charles-Ferdinand :

> *L'espoir à la France t'enchaîne ;*
> *Aux champs où fut frappé le chêne*
> *Dieu fait croître un frêle roseau.*
> *L'amour retient l'humble colombe ;*
> *Il faut prier sur une tombe,*
> *Il faut veiller sur un berceau.*

Le jeune Victor-Marie Hugo avait dix-huit ans en 1820. Son ode s'achève sur l'image forte d'hommes menacés, aux prises avec l'« onde écumante » de l'océan, et tenant leur espoir de l'innocence d'un enfant.

> *Sûrs de la clémence éternelle,*
> *Pour sauver la nef criminelle*
> *Ils y suspendaient un berceau.*

Alphonse de Lamartine, de douze ans son aîné, composa également une *Ode sur la naissance du duc de Bordeaux*.

L'événement fut connu début octobre à Naples où Lamartine était attaché d'ambassade. Le 20 novembre 1820, il acheva une première version de l'ode, qui parut en 1822 dans la neuvième édition des *Méditations*. Certains vers sont restés célèbres :

> *Il est né l'enfant du miracle !*
> *Héritier du sang d'un martyr*
> *Il est né d'un tardif oracle,*
> *Il est né d'un dernier soupir !*
> *(...)*
> *Jeux du sort ! Merveilles divines !*

Ainsi fleurit sur des ruines
Un lys que l'orage a planté.

Et plus loin, le poète nous fait partager une vision lumineuse de l'avenir de l'orphelin :

Sacré berceau, frêle espérance
Qu'une mère tient dans ses bras,
Déjà tu rassures la France;
Les miracles ne trompent pas!
Confiante dans son délire,
A ce berceau déjà ma lyre
Ouvre un avenir triomphant,
Et comme ces rois de l'aurore,
Un instinct que mon âme ignore
Me fait adorer un enfant!

Dans le commentaire que le poète a lui-même ajouté dans l'édition de 1855, il revient sur les circonstances de la rédaction de ce texte. A l'ambassade de Naples, il se trouvait loin de France, et cette naissance inspira son imagination autant que son cœur. Il adressa donc ces vers dont il n'a jamais rougi à ses parents plutôt qu'à la cour de France où l'on ne le connaissait pas. Quant aux vœux qu'il avait alors adressés au ciel « pour l'enfance du duc de Bordeaux, Dieu les a autrement exaucés ; il les a mieux exaucés peut-être pour son bonheur, dans l'exil que dans la patrie, dans la vie privée que sur un trône ».

Pour ceux qui chantaient l'allégresse, le jugement de l'histoire a été sans appel : « J'ai été, comme la France entière de cette époque, mauvais prophète des destinées de cet enfant. »

Ces échos sonores, même s'ils ont mal prophétisé, sont précieux pour reconstituer la liesse des royalistes qui, dans leur ardeur, vont jusqu'à rapprocher la naissance du duc de Bordeaux de celle du Sauveur et trouvent leurs images fortes dans l'histoire de David et le nom même d'Henri. Les représentations contrastées de la tombe du père et du berceau de l'orphelin se joignirent naturellement pour conjurer les menaces. Il fallait produire encore d'autres signes de grandeur traversant les siècles, d'autres gages d'amour, d'autres symboles du lys renaissant : le château de Chambord, monument de la monarchie, y pourvoirait.

Le château de Chambord

On destinait au duc de Bordeaux un admirable cadeau de naissance : le domaine de Chambord, qui fut acquis par souscription nationale.

Treize jours après sa naissance, le 11 octobre 1820, le conseil municipal de Caen demande au roi d'autoriser tous les conseils municipaux de France à s'assembler pour voter les sommes nécessaires à l'achat du domaine de Chambord. L'initiative en reviendrait au comte Adrien de Calonne, fourrier des logis du roi. Elle se heurta non seulement aux craintes de la famille royale qui ne souhaitait pas « charger les peuples d'une dépense nouvelle », selon les mots du duc d'Artois, mais surtout à l'indignation des libéraux, dont Paul-Louis Courier, l'auteur d'un pamphlet célèbre, le *Simple discours,* publié deux mois après l'adjudication en 1821.

Comment le domaine de Chambord se trouvait-il à vendre ?

Louis XV y avait logé son beau-père, le roi Stanislas Leszczinski, de 1725 à 1733 puis l'attribua au maréchal de Saxe par lettres données le 25 août 1745. Celui-ci s'y installa en 1748 après la paix d'Aix-la-Chapelle, jusqu'à sa mort, en 1750. Le domaine fut ensuite laissé à son neveu. De 1755 à 1783, le gouvernement du domaine revint à la famille de Saumery, puis au duc (en 1783) et au marquis

(1785-1790) de Polignac. Pendant la Révolution, le parc fut pillé, les meubles vendus aux enchères, et les boiseries, les glaces, les sculptures saccagées. Marie, l'architecte en charge de Chambord, évita de peu (en alourdissant le devis) la destruction des insignes de la royauté qui couvrent le château. On renonça à y installer des manufactures.

Pour sauver l'édifice, il fallait attendre Napoléon. « Enfin Bonaparte vint couvrir de son épée tous les monuments échappés aux saturnales du vandalisme, il était beau de voir la gloire accourir au secours des arts » (Merle, *Description historique et pittoresque du château de Chambord*). Une restauration complète coûtait trop cher, mais en mars 1802, Napoléon créa l'ordre de la Légion d'honneur, et Chambord fut désigné comme le chef-lieu de la quinzième cohorte sous l'autorité du général Augereau. Un décret de 1806, non appliqué, affecte l'édifice à une maison d'éducation de la Légion d'honneur. Napoléon vient à Chambord en 1808 et le 15 août 1809, il offre le domaine à Berthier, en créant en sa faveur la principauté de Wagram, avec une dotation de 600 000 francs par an. Berthier avait l'obligation d'utiliser les revenus du domaine à l'entretien du château mais, retenu aux armées, il ne s'est pas intéressé à ce château : il paraît n'y avoir résidé que deux jours.

A sa mort, en 1815, la dotation fut supprimée et la princesse Élisabeth de Wagram dut constater que les charges liées à l'entretien étaient trop lourdes. Le 11 août 1819, elle obtint du roi Louis XVIII l'autorisation de vendre le domaine, menacé alors de deux dangers : être vendu par petits lots ou être acheté par la Bande noire comme le bruit en avait couru.

La Bande noire, une société de spéculation qui rachetait châteaux et abbayes pour en vendre les matériaux, avait le projet de démolir le château de Chambord. Ce projet émut les défenseurs du patrimoine monumental français. Il se trouva que les années 1820 marquaient le début d'un mouvement esthétique et politique — avec Nodier, Taylor et

Hugo — pour la conservation des monuments et contre le vandalisme (mot créé en 1794 par l'abbé Grégoire, évêque constitutionnel de Blois, pour, écrivit-il dans ses *Mémoires,* « tuer la chose »).

Adrien de Calonne exploita cette inquiétude. L'élan national de souscription fut dirigé par des lettres circulaires aux maires et aux préfets.

Pour recueillir des fonds, on créa une « Commission des Souscripteurs pour Chambord », et l'on chargea de l'acquisition du domaine une commission d'exécution de huit membres, dont le vicomte de Chateaubriand, le comte de Calonne et le marquis de Vibraye ; l'achat fut conclu le 5 mars 1821 pour la somme de 1 542 000 francs. Une lithographie d'Isabey portant cette date et la légende « Arrivée de Son Altesse Royale le duc de Bordeaux à Chambord » représente l'arrivée de l'enfant dans les bras de sa nourrice et de la duchesse de Berry, accueillis par la population massée devant le château. Cette scène est parfaitement imaginaire. « L'enfant à la bavette », comme le nomme Courier, ne découvrira son « apanage » symbolique que cinquante ans plus tard.

La gestion du domaine fut confiée à cette commission exécutive, jusqu'à la remise solennelle du domaine à Charles X, le 7 février 1830.

En 1828, le roi autorisa cependant la duchesse de Berry à se rendre à Chambord avant de poursuivre vers la Vendée où elle fut acclamée. Une trace naïve de sa venue est consignée dans l'album mural du château. Elle demanda en effet un poinçon pour graver l'inscription suivante :

1828
LE 18 JUIN
MARIE-CAROLINE

Ce graffiti a été protégé par un abattant métallique scellé dans la pierre et portant les initiales entrelacées « MC ». On ajouta trois médailles commémoratives.

Elle posa ensuite la première pierre de la restauration sur la terrasse de l'Oratoire et reçut un exemplaire manuscrit de la notice historique de Louis de La Saussaye sur le château.

La duchesse de Berry revint une dernière fois visiter le domaine de son fils le 12 mai 1830 en compagnie des princes de Sicile.

En dépit de longs débats judiciaires, de 1832 à 1857 (le gouvernement de Juillet avait fait mettre le domaine sous séquestre), le duc de Bordeaux resta jusqu'à sa mort propriétaire du domaine. Le prestige attaché au nom de Chambord formait un curieux contraste avec l'état du parc qui avait été mal géré pendant plusieurs décennies, et celui du château presque en ruine.

Nous avons quelques grands témoignages sur Chambord au XIXe siècle. Deux d'entre eux, bien que différents, sont marqués du même lyrisme romantique.

Le premier, celui d'Alfred de Vigny dans *Cinq-Mars,* roman historique paru en 1826, donne une image orientale, très inexacte, de ce « château magique » :

« On dirait que, contraint par quelque lampe merveilleuse, un génie de l'Orient l'a enlevé pendant une des mille nuits, et l'a dérobé au pays du soleil pour le cacher dans ceux du brouillard, avec les amours d'un beau prince. Ce palais est enfoui comme un trésor ; mais à ces dômes bleus, à ces élégants minarets, arrondis sur de larges murs ou élancés dans l'air, à ces longues terrasses qui dominent les bois, à ces flèches légères que le vent balance, à ces croissants entrelacés partout sur les colonnades, on se croirait dans les royaumes de Bagdad ou de Cachemire, si les murs noircis, leur tapis de mousse ou de lierre, et la couleur pâle et mélancolique du ciel n'attestaient pas un pays pluvieux. »

Le second est rédigé vingt ans plus tard par François-René de Chateaubriand, qui l'insère dans la *Vie de Rancé.* Il s'agit d'une description fantastique, qui s'achève sur un moment d'émotion.

« Quand on arrive à Chambord, on pénètre dans le parc

par une de ses portes abandonnées ; elle s'ouvre sur une enceinte décrépite et plantée de violiers jaunes ; elle a sept lieues de tour. Dès l'entrée, on aperçoit le château au fond d'une allée descendante. (...)

« De loin, l'édifice est une arabesque ; il se présente comme une femme dont le vent aurait soufflé en l'air la chevelure ; de près cette femme s'incorpore dans la maçonnerie et se change en tours ; c'est alors Clorinde appuyée sur des ruines. Le caprice d'un ciseau volage n'a pas disparu ; la légèreté et la finesse des traits se retrouvent dans le simulacre d'une guerrière expirante. Quand vous pénétrez en dedans, la fleur de lys et la salamandre se dessinent dans les plafonds. Si jamais Chambord était détruit, on ne trouverait nulle part le style premier de la Renaissance, car à Venise il s'est mélangé.

« Ce qui rendait à Chambord sa beauté, c'était son abandon : par les fenêtres j'apercevais un parterre sec, des herbes jaunes, des champs de blé noir : retracements de la pauvreté de mon indigente patrie. »

Gustave Flaubert est loin d'éprouver la même fascination lorsqu'il vient à Chambord en compagnie de Maxime du Camp au mois de mai 1847 :

« Le lendemain nous visitâmes une ruine plus ruinée : je parle de Chambord. Après nous être perdus dans la sotte campagne qui l'environne, nous y arrivâmes enfin par un long chemin dans le sable, au milieu d'un bois maigre, propriété de rentier gêné qui fait des coupes anticipées ; le château n'a ni jardin ni parc, pas le moindre arbuste, pas une fleur autour de lui ; il montre sa façade devant une grande place d'herbe grêle au milieu de laquelle coule une petite rivière. Quand nous sommes entrés un jeune chien s'est mis à aboyer ; la pluie tombait, l'eau coulait sur les toits et passait par les fenêtres brisées. »

Dans son survol du livre des visiteurs, il éprouve un agacement devant une « racaille de noblesse postiche qui vit, comme le romantisme de M. de Marchangy, sur la sempiternelle poésie des tourelles, des damoiselles, du palefroi, des fleurs de lys, de l'oriflamme de Saint Louis, du panache blanc, du droit divin et d'un tas d'autres sottises aussi innocentes. »

Sa promenade dans le château l'afflige : « Un sentiment navrant vous prend à cette misère qui n'a rien de beau. Ce n'est pas la ruine de partout, avec le luxe de ses débris noirs et verdâtres, la broderie de ses fleurs coquettes et de ses draperies de verdures ondulantes au vent, comme des lambeaux de damas. C'est une misère honteuse qui brosse son habit râpé et fait la décente. On répare le parquet dans cette pièce, on le laisse pourrir dans cette autre. Il y a là un effort inutile à conserver ce qui meurt et à rappeler ce qui a fui. Chose étrange ! Cela est triste, et cela n'est pas grand. »

Si l'aspect du château manque de grandeur, c'est bien parce que l'édifice est trop vaste : « On l'a donné à tout le monde, comme si personne n'en voulait ou ne pouvait le garder. Il semble n'avoir jamais servi et avoir été toujours trop grand. »

Pour entretenir cet immense château et gérer le vaste domaine, il fallait une administration éclairée. De 1821 à 1830, celle de la Commission des Souscripteurs, si elle ne put restaurer le château comme elle le souhaitait, dépensa 1 400 francs par an pour la remise en état des murs d'enceinte si bien que la clôture du parc était complètement restaurée lorsque Charles X prit possession du domaine. Ces chiffres sont donnés par Jacques Thoreau, dont l'important *Chambord, rendez-vous de chasse* rend hommage à l'administration de Bourcier, régisseur de 1821 à 1861, et à celle de son neveu Arnoult, qui prolongea ses efforts jusqu'en 1886. Ces régisseurs ont établi le réseau routier actuel et reboisé 2 000 des 5 000 hectares que compte le domaine.

Ce château symbolisant si parfaitement l'idéal monarchique depuis François Ier méritait quelques soins. Les ressources du domaine furent consacrées à la restauration de l'édifice classé monument historique dès 1840.

Si François Ier séjourna peu à Chambord, dont il décida la construction en 1519, le duc de Bordeaux, qui prendra vers l'âge de dix ans le titre de courtoisie de comte de Chambord, n'y demeura que quelques heures en 1871 pour signer le Manifeste du Drapeau blanc.

Les dix premières années de sa vie se sont passées à Paris ou à proximité et la suite de sa carrière se déroula en exil.

L'enfance du « nouvel Henri »

Le duc de Bordeaux fut baptisé le 1er mai 1821 à Notre-Dame. Cette date avait été choisie par Louis XVIII qui commémorait ainsi son entrée à Paris le 1er mai 1814.

Le duc et la duchesse d'Angoulême furent parrain et marraine et Mgr de Quelen, l'archevêque qui avait prononcé l'oraison funèbre du duc de Berry, versa sur le front de l'enfant un peu d'eau du Jourdain apportée par Chateaubriand. Une strophe de l'ode qu'on avait demandée à Victor Hugo montre toute l'audacieuse ferveur du poète qui nous exhorte à voir un symbole dans l'emploi d'une eau qui a servi à baptiser le Christ :

> *Qu'il soit fier dans ses flots, le fleuve des prophètes !*
> *Peuples, l'eau du salut est présente à vos fêtes ;*
> *Le Ciel sur cet Enfant a placé sa faveur ;*
> *Qu'il reçoive les eaux que reçut Dieu lui-même ;*
> *Et qu'à l'onde de son baptême,*
> *Le monde rassuré reconnaisse un Sauveur !*

La solennité de la cérémonie fut extrême. D'Hardiviller en a laissé un dessin, lithographié par Villain.

Pendant les premières années de sa vie, Henri fut confié

à sa gouvernante, Mme de Gontaut, née en 1773, qui était aussi la gouvernante de sa sœur Louise d'Artois.

Dans ses *Mémoires,* Mme de Gontaut nous livre une multitude d'anecdotes concernant le caractère du jeune enfant, son goût pour une vie militaire à sa mesure et l'affection qu'il portait à ses proches, notamment à sa sœur Louise.

Aux Tuileries, les appartements d'Henri et de Louise étaient situés au-dessus de ceux de leur mère. Marie-Caroline préférait le séjour de Rosny. Édifié par Sully sur les bords de Seine vers Mantes, le château de Rosny, propriété de la duchesse de Berry, est représenté dans le grand portrait de la duchesse et de ses deux enfants par François Gérard, conservé au palais de Versailles.

La gravure de Chastelat et Bosselman, dédiée à la ville de Bordeaux, a diffusé les traits du jeune enfant, le « nouvel Henri », dont on encourageait la bonté, la vaillance et le goût pour les armes dans le choix même de ses jouets.

Le château de Chambord conserve, dans les salles qui évoquent le souvenir du duc de Bordeaux, un parc d'artillerie complet que lui avait offert le commandant Ambroise. Et l'on rapporte qu'admirant fort le chevalier de Lavillatte, un capitaine de la garde qui n'avait que le titre de « valet de chambre », le jeune Henri décide un jour de coucher sur un lit « bien dur », ou de dormir sans feu tant qu'il ne gèle pas.

L'enfant a quelques obligations officielles. Il participe volontiers à la célébration de la victoire du duc d'Angoulême au fort Trocadéro en Espagne, que Chateaubriand salua dans ses *Mémoires d'outre-tombe* : « Réussir là où Bonaparte avait échoué, faire en six mois ce qu'il n'avait pu faire en sept ans, c'était un véritable prodige ! » Le peintre Ducis, dans un tableau conservé au palais de Versailles *(Le retour des troupes après la guerre d'Espagne)* montre l'enfant agitant sa toque ornée de panaches blancs tandis que Louis XVIII passe ses troupes en revue.

En 1824, Charles X succède à Louis XVIII et lors de son entrée à cheval dans Paris il salue de la main son petit-fils.

Le 29 mai 1825, Henri assista au sacre de son grand-père. Voici le portrait qu'en fait Alphonse de Lamartine dans *Chant du sacre à la veillée des armes* :

> *Mais quel est cet enfant ? L'avenir de la France !*
> *La promesse de Dieu qu'embellit l'espérance !*
> *(...)*
> *Il ne voit que l'éclat dont le trône étincelle*
> *La vapeur de l'encens qui monte ou qui ruisselle,*
> *Le reflet des flambeaux répété dans l'acier,*
> *Ou l'aigrette flottant sur le front du guerrier,*
> *Et comme Astyanax dans les bras de sa mère,*
> *Sa main touche en jouant aux armes de son père...*

A l'âge de six ans, Henri devait être confié à un gouverneur : il lui fallait « passer aux hommes ». Le duc de Montmorency mourut avant de prendre ses fonctions. Le choix de Charles X se reporta alors sur le marquis de Rivière.

A la mort de ce dernier, en 1828, on nomma le baron de Damas jusqu'en 1833. Ensuite, le général de Latour-Maubourg exerça cette tâche par correspondance en 1833 et 1834 tandis que le général d'Hautpoul s'en acquittait effectivement. Le général de Saint-Chamans (en 1834), le comte de Bouillé (1834-1837) et le comte de Brissac se succédèrent jusqu'à l'arrivée du duc de Lévis, qui resta pendant vingt-cinq ans le conseiller du duc de Bordeaux.

Les gouverneurs avaient en charge l'éducation plutôt que l'instruction. La lettre de Charles X au baron de Damas (22 avril 1828) est assez explicite :

« J'ai cherché un homme religieux, moral par principe, dont l'attachement me soit bien connu, dans une situation élevée de la société, d'un âge qui le mette à même de continuer et de terminer l'éducation de l'enfant que le ciel nous a donné, et dont les services militaires le mettent à portée de donner à son élève le goût et le talent du grand art dont mon petit-fils aura peut-être un si grand besoin. (...) Cette preuve d'une entière confiance ne peut pas être considérée comme une faveur que je vous accorde ; au contraire, je la regarde comme un sacrifice que je vous demande. »

A son arrivée, le baron de Damas se montra plutôt mécontent de l'instruction donnée au prince. Il le raconte dans ses *Mémoires* : « Ce n'était pas qu'il manquât d'occupations, la journée était toute prise ; mais je ne trouvais quelque solidité que dans les leçons de M. Barrande (...) et puis M. le duc de Bordeaux, avec un cœur d'or et une sensibilité exquise, était extrêmement nerveux. Il me semblait essentiel de nourrir son cœur, d'élever son esprit, mais d'éviter les occupations qui demandent une étude prolongée et fatigante ; il lui fallait beaucoup d'air, beaucoup d'exercice. » Le baron de Damas donna des camarades au jeune Henri qui prenait ses repas seul. Il lui établit un gymnase, lui apprit à tirer au pistolet et lui fit faire des courses à Trianon, à Versailles ou ailleurs, et parfois sans escorte.

A l'âge de quatre ans, le duc de Bordeaux avait été nommé colonel général des Suisses et un régiment de cuirassiers portait son nom. On lui attacha d'anciens aides de camp de son père qui n'avaient pas reçu d'autre emploi. La collection Jeanvrot au musée des Arts décoratifs de Bordeaux conserve quelques portraits du jeune prince en uniforme, dont une gravure de Canu le représentant en colonel général des lanciers, comme avant lui l'avait été le roi de Rome.

Le baron de Damas s'occupa également des écuries du prince avec succès :

« Passons à l'écurie. D'après les arrangements faits par M. de Rivière, le duc de Polignac, premier écuyer du roi, s'était engagé moyennant 30 000 francs à fournir des chevaux au duc de Bordeaux, plus deux voitures pour le gouverneur et le précepteur. Mais les voitures étaient vieilles et les chevaux étaient les rebuts de l'écurie du roi. J'en prenais fort bien mon parti, mais tout le monde criait, la duchesse de Berry se mit de la partie. Enfin, M. de La Bouillerie, intendant général de la maison du roi, vint me trouver, probablement de la part de Charles X impatienté des plaintes qu'on lui portait. Je répondis que je n'y pouvais rien, sinon tout au plus ajouter 10 000 francs à ce que je donnais pour l'écurie, mais que cette somme ne suffirait pas et qu'après tout, si le roi voulait absolument une écurie pour son petit-fils, il n'avait qu'à la payer. Quelques jours après, La Bouillerie m'écrivit, par ordre de Sa Majesté, que le duc de Bordeaux aurait son écurie, qu'on retiendrait 40 000 francs sur la liste civile du prince et que le reste de la dépense serait au compte de Sa Majesté. Le duc de Rohan avait été nommé premier écuyer du prince avec un traitement de 20 000 francs : nous fûmes montés à merveille et les équipages de mon prince devinrent les plus beaux de tous ceux de la cour. »

Deux sous-gouverneurs assistaient le baron de Damas, le marquis Auguste de Maupas et le marquis de Barbançois.

Mgr Tharin, évêque de Strasbourg, eut le titre de précepteur, mais il fut rapidement récusé par le baron de Damas qui ne lui reconnut pas la capacité nécessaire pour remplir ses fonctions. Outre des maîtres d'allemand, de dessin, plus tard de latin, et M. Colart, deux sous-précepteurs étaient chargés de l'aider : l'abbé Martin de Noirlieu et, de 1826 à 1833, Joachim Barrande.

Polytechnicien et géologue, Barrande était un savant qui fut toute sa vie profondément attaché à la personne du duc de Bordeaux. Jusqu'à Frohsdorf, dernier lieu d'exil de son prince — il y meurt lui aussi en 1883 —, ses lettres régulières aux administrateurs du domaine de Chambord témoignent de sa fidélité et de la persistance de son activité scientifique. Ses ouvrages furent publiés entre 1852 et 1870 grâce aux libéralités du comte de Chambord. Il légua l'essentiel de ses collections au musée d'Histoire naturelle de Bohême, qui les abrita dans un bâtiment édifié pour les recevoir, le Barrandeum.

L'éducation de Louise, sœur aînée d'Henri, fut organisée

de façon similaire. Parmi ses précepteurs figura l'historien Jules Michelet. Elle avait pour gouvernante Mme de Gontaut.

La duchesse de Gontaut, qui avait reçu ce titre au moment où elle cessa de s'occuper d'Henri, montrent dans ses *Mémoires* son attachement à la famille royale. Elle avait été dame d'atours de la duchesse de Berry avant de devenir gouvernante de ses enfants.

Les récits concernant les premières années des deux enfants contiennent de multiples anecdotes sur leur piété, leur charité, leur loyauté. « Les défauts mêmes des personnes attachées à l'éducation, dit Mme de Gontaut, étaient surveillés, la moindre flatterie réprimée, la vérité scrupuleusement et sévèrement observée. » Le modèle du prince chrétien se doublait de celui du chevalier : courage physique et maîtrise de soi étaient également cultivés.

Ces efforts pédagogiques devaient être interrompus pendant la révolution de 1830. Le duc de Bordeaux, à dix ans, quittait la France : il était écarté avec détermination du trône, alors que tout, dans son éducation, devait l'y préparer.

II

La jeunesse en exil

1830

L'année 1830 est celle de tous les bouleversements pour Charles X. Après avoir abdiqué et invité son fils à agir de même en faveur d'Henri V, il prend avec eux le chemin d'un exil définitif. Le pouvoir était désormais entre les mains de Louis-Philippe, duc d'Orléans, fils de Philippe-Égalité, conventionnel puis régicide guillotiné.

Les principaux moments de la révolution de 1830 sont bien connus. Si les derniers événements parurent s'enchaîner à un rythme soutenu, ils s'expliquaient par l'inquiétude qui a marqué les années 1829 et 1830. Une crise économique due à la spéculation et à la surproduction coïncida avec une crise agricole qui fit resurgir des troubles liés à la disette.

Le 8 août 1829, Charles X installe à des postes clés un trio particulièrement impopulaire : Jules Polignac aux Affaires étrangères, La Bourdonnaye à l'Intérieur, Bourmont à la Guerre. Le 10 août, dans *Le Journal des débats,* parut cette analyse célèbre :

« Ainsi, le voici encore une fois brisé, ce lien d'amour et de confiance qui unissait le peuple au monarque ! Voilà encore une fois la cour avec ses vieilles rancunes, l'émigration avec ses préjugés, le sacerdoce avec sa haine de la

liberté, qui viennent se jeter entre la France et son roi...
Coblence, Waterloo, 1815! Voilà les trois principes, les
trois personnages du ministère!»

Ces trois personnages masquaient la présence de ministres modérés et cristallisaient le mécontentement.

Le 2 mars 1830, Charles X ouvrit la session des Chambres : il rappela sa fidélité à la Charte et fit allusion à de
coupables manœuvres. Les Chambres allaient-elles apporter
leur concours au roi?

L'adresse lue au roi par Royer-Collard, qui avait participé
à sa rédaction, répondait négativement : « Notre loyauté,
notre dévouement nous condamnent à dire que ce
concours n'existe pas. » Elle avait été votée par 221 voix
contre 181. On commençait à évoquer une solution orléaniste.

Face à cette difficulté, Charles X ne renvoya pas ses
ministres, mais prit le parti de dissoudre la Chambre le
16 mai : les 221 opposants devinrent 274 après les élections
des 23 juin et 3 juillet.

« Dans ces circonstances, écrit le baron de Damas, on
songea à la conquête d'Alger, pensant qu'une expédition si
importante détournerait l'attention publique et rendrait aux
amis du trône force et union. Un projet de débarquement
avait été préparé de longue main, mais jusqu'alors des
motifs de haute politique avaient engagé à attendre. (...)
Quoi qu'il en soit, l'expédition fut résolue, organisée habile-
ment et avec une extrême promptitude. Elle eut lieu le
5 juillet. Le ministère croyait évidemment que l'attention
publique distraite par l'expédition d'Alger rendrait ineffi-
caces les efforts de ses ennemis : il n'en fut rien. L'action
des libéraux ne se ralentit pas et on prêta une faible attention aux opérations de nos armées. »

Le duc d'Orléans donna une fête au Palais-Royal en
l'honneur du roi François Ier, roi des Deux-Siciles, frère de
sa femme et grand-père d'Henri. On sait que la fête fut
magnifique et que M. de Salvandy eut ce mot fameux :

« C'est une vraie fête napolitaine ; nous dansons sur un volcan. » D'autres fêtes eurent lieu à Saint-Cloud (notamment le 15 juillet pour la Saint-Henri) ou à Rosny.

La journée du dimanche 25 juillet, l'entourage du roi à Saint-Cloud paraissait bien confiant. Ce jour-là pourtant, Charles X signa les quatre ordonnances préparées secrètement après les dernières élections : puisque leur résultat était défavorable, il convenait de les réformer. On sait que ces ordonnances suspendaient aussi la liberté de la presse, établissaient un régime de censure et d'autorisation préalable et réduisaient le nombre des députés.

Le Moniteur les imprima dans la soirée et l'on en prit connaissance le lendemain 26 juillet. La protestation immédiatement signée par quarante-quatre journalistes refusait au gouvernement « le caractère de légalité qui commande l'obéissance », et s'achevait sur ces termes : « Nous lui résistons pour ce qui nous concerne ; c'est à la France à juger jusqu'où doit s'étendre sa propre résistance. »

La journée du 27 juillet fut la première des « Trois Glorieuses ». On dénombra un millier de morts (dont huit cents du côté des insurgés), et cinq mille blessés, ce qui donne une idée de la violence des combats de rue.

Le 29 juillet, les députés nomment une commission municipale avec Casimir Perier, Laffitte, A. de Schonen, Audry de Puyraveau et Mauguin ; et le soir enfin, Charles X retire les ordonnances et nomme le duc de Mortemart premier ministre. Il était trop tard...

Le 30 juillet les républicains veulent proclamer la république dès le lendemain et donner la présidence à La Fayette tandis qu'une proclamation rédigée notamment par Thiers est diffusée à Paris :

« Charles X ne peut plus rentrer dans Paris, il a fait couler le sang du peuple. La république nous exposerait à d'affreuses divisions : elle nous brouillerait avec l'Europe. Le duc d'Orléans est un prince dévoué à la cause de la révolution. Le duc d'Orléans est un roi citoyen. » Thiers se

45

déplaça à Neuilly pour transmettre cette proposition, devenue celle des députés.

Charles X quitte Saint-Cloud pour Rambouillet. La duchesse de Berry, selon Damas, « était justement mécontente. Pendant les funestes combats de Paris, elle n'avait cessé de se plaindre et de chercher des ressources. Elle rêvait guerres civiles et croyait qu'à sa vue le peuple se lèverait. Elle s'était fait faire un habit d'homme et n'en porta pas d'autre jusqu'à notre arrivée en Angleterre. Elle me proposa d'aller à Paris : c'eût été bon, excellent, si la princesse eût dû y trouver quelque appui ; mais dans l'état des choses mon avis fut que ce ne serait que ridicule. Les troupes se conduisaient à merveille, mais tout leur manquait et la princesse eût été impuissante à leur procurer des ressources. (...) Ce n'étaient pas les royalistes qui manquaient, c'était une volonté dans le souverain ».

Il reste que le 31 juillet, Louis-Philippe acceptait les fonctions de lieutenant général du royaume. Suivi par Benjamin Constant, il se rend à l'Hôtel de Ville, « la fabrique politique de la Grève », selon Chateaubriand. Il y est accueilli par la commission municipale.

La Fayette « donne au duc d'Orléans un drapeau tricolore, s'avance sur le balcon de l'Hôtel de Ville et embrasse le prince aux yeux de la foule ébahie, tandis que celui-ci agitait le drapeau national. Le baiser républicain de La Fayette fit un roi ». (Chateaubriand, *Mémoires d'outre-tombe.*) Le duc d'Orléans nomma une commission gouvernementale.

Le 2 août, Charles X, qui, la veille, avait nommé — lui aussi — Louis-Philippe lieutenant général du royaume, signait son abdication, et engageait son fils aîné le dauphin, le duc d'Angoulême, à renoncer aussi au trône en faveur du duc de Bordeaux. Le baron de Damas en informa le jeune Henri : « J'employai tous les ménagements possibles : l'enfant fut charmant, il se jeta dans mes bras, pleura beaucoup ; il fut touchant. »

Son incompréhension se manifesta dans les exclamations qu'on lui prête : « Comment ! Bon-papa qui est si bon n'a pu faire le bonheur de la France, et alors on veut me faire roi, moi ! quelle bêtise ! » Ces derniers mots prouvent que cet avènement prématuré lui parut dépourvu de sens. Il eut cependant le plaisir de jouer au roi quelques heures, le temps de passer en revue les gardes du corps. On l'acclama, mais il était à Rambouillet, et les décisions se prenaient à Paris. L'acte d'abdication fut transmis au duc d'Orléans à qui l'on demanda aussi des commissaires pour accompagner Charles X à Cherbourg. La lettre du 2 août envoyée par le roi à son cousin contient ce passage concernant Henri V :

« Vous aurez donc, par votre qualité de lieutenant général du royaume, à faire proclamer l'avènement de Henri V à la couronne. Vous prendrez d'ailleurs toutes les mesures qui vous concernent pour régler les formes du gouvernement pendant la minorité du nouveau roi. Ici je me borne à faire connaître ces dispositions ; c'est un moyen d'éviter encore bien des maux.

« Vous communiquerez mes intentions au corps diplomatique, et vous me ferez connaître le plus tôt possible la proclamation par laquelle mon petit-fils sera reconnu roi sous le nom de Henri V. »

Cette proclamation ne vint pas.

Le lendemain, se présentaient à Rambouillet les trois commissaires qui devaient escorter le roi. Ce même jour, les deux Chambres votent la révision de la Charte. A dix heures du soir, Charles X et ses proches se dirigèrent vers Maintenon avec la maison militaire du roi : le duc et la duchesse de Noailles les y attendaient.

Évoquant la duchesse de Berry qui réprouvait cette fuite, le baron de Damas expliqua : « Il eût été naturel que le roi la tînt au courant de ce qui la regardait et lui communiquât ses intentions ; mais elle ne plaisait pas aux membres de la famille royale. Elle recevait ses nouvelles particulières, parlait avec ses amis, et ma situation vis-à-vis d'elle était toujours embarrassante, parce que, dans les circonstances un peu importantes, le roi me défendait de lui parler. »

Partie de Maintenon le 4 août, la cour se dirigea vers Cherbourg selon l'itinéraire suivant : Dreux, Verneuil, L'Aigle, Le Merlerault, Falaise, Argentan, Vire, Condé, Saint-Lô, Carentan et Valognes.

Au Merlerault, le 7 août, on apprit que les députés avaient déclaré le trône vacant et annoncé au duc d'Orléans son élection comme roi des Français.

« Charles X, écrit Lamartine dans son *Histoire de la Restauration,* ne se laisse pas chasser, ni insulter, et pour être respecté du monde, se respecte lui-même jusque dans ses revers. Il ne s'enfuit pas comme un roi de théâtre, sous quelque ignoble déguisement : il se retourna pour regarder face à face son royaume révolté mais respectueux dans sa révolte. (...) Charles X partit du rivage dans toute la majesté royale. »

Le 15 août à Valognes, ce furent les adieux : les quatre compagnies de gardes du corps apportèrent au roi leurs étendards. Il les reçut et remercia chaque compagnie de sa fidélité. « Il leur dit qu'il recevait leurs étendards sans tache et qu'il espérait que M. le Duc de Bordeaux les leur rendrait de même » (Baron de Damas, *Mémoires*). Un ordre du jour distribué alors indiquait que Charles X avait demandé les noms de ceux qui l'avaient suivi. « Les noms conservés par M. le duc de Bordeaux demeureront inscrits dans les archives de la famille royale pour attester à jamais et les malheurs du roi et les consolations qu'il a trouvées dans un dévouement si désintéressé. » Après cet adieu, Charles V et le duc d'Angoulême ôtèrent leurs insignes militaires.

A Cherbourg, il fallut embarquer sur le *Great Britain* (appartenant à la famille Bonaparte), commandé, ainsi qu'un autre bâtiment et une frégate, par Dumont d'Urville. Pendant le voyage, Charles X écrivit une lettre au roi d'Angleterre, Guillaume IV. La première partie du voyage s'acheva près de l'île de Wight dans la rade de Sainte-Hélène. De là, le marquis de Choiseul devait porter au roi la lettre de Charles X. Il revint quelques jours plus tard avec la proposition de descendre au château de Lullworth, propriété de sir Weld, ce qui fut accepté.

En posant le pied sur le sol anglais, Henri V commençait un long exil en terre étrangère. Sa personne était sauve, mais les choix de son aïeul furent sévèrement blâmés par quelques-uns.

Le 7 août, on essayait encore de plaider pour Henri V à la Chambre des pairs. Resté en France, Chateaubriand prononça une harangue pour le défendre. Il la reprend dans ses *Mémoires d'outre-tombe* : « ... je ne vise ni au roman, ni à la chevalerie, ni au martyre ; je ne crois pas au droit divin de la royauté, et je crois à la puissance des révolutions et des faits. Je n'invoque pas même la Charte, je prend mes idées plus haut ; je les tire de la sphère philosophique de l'époque où ma vie expire : je propose le duc de Bordeaux tout simplement comme une nécessité de meilleur aloi que celle dont on argumente. » A la fin de ce long discours, Chateaubriand note que l'émotion le gagna sur les mots : « Inutile Cassandre, j'ai assez fatigué le trône et la pairie de mes avertissements dédaignés ; il ne me reste plus qu'à m'asseoir sur les débris d'un naufrage que j'ai tant de fois prédit. » Le 10 août, il refusa de prêter serment et résigna sa pension de pair.

Avec sa prodigieuse éloquence, Chateaubriand expose ce que furent à ses yeux les torts de Charles X envers Henri V. Abdiquer en faveur d'Henri V n'était qu'une sauvegarde illusoire des droits de l'enfant, de l'orphelin royal si, dans le même temps, on le privait de vivre dans sa patrie. La pensée d'une désertion de Charles X l'accable tant qu'il semble lui préférer la mort d'un Henri V absent de France : le roi « n'avait pas le droit, après avoir attaché le diadème au front de son petit-fils, de dire à ce nouveau Joas : " Je t'ai fait monter au trône pour te traîner dans l'exil, pour qu'infortuné, banni, tu portes le poids de mes ans, de ma proscription et de mon sceptre. " Il ne fallait pas au même instant donner à Henri V une couronne et lui ôter la France. En le faisant Roi, on l'avait condamné à mourir sur le sol où s'est mêlée la poussière de Saint Louis et de Henri IV ».

L'Angleterre : Lullworth (1830)

Charles X avait été accueilli en Angleterre comme un simple particulier. On renouait avec les usages de l'émigration. Il convenait d'user de titres de courtoisie : le roi devint le comte de Ponthieu, le dauphin et Marie-Thérèse étaient le comte et la comtesse de Marnes. Marie-Caroline et sa fille prirent le nom de Rosny. Seul, le duc de Bordeaux gardait son titre, mais, si l'on en croit le Manifeste du 5 juillet 1871, il lui substitua graduellement celui de comte de Chambord.

La famille royale ne resta que quelques semaines dans sa première demeure, le manoir de Lullworth, situé dans le Dorset, près de Weymouth, au milieu d'une verte campagne. La devise inscrite au fronton d'une façade sévère « *nil sine numine* » signifiait fort à propos que rien n'arrive sans que la Providence l'ait permis. Réconfortés par l'accueil qui leur fut réservé, les exilés occupaient leur temps à recevoir des visites et à entreprendre quelques promenades. L'éducation d'Henri V se poursuivait et le baron de Damas évoque des buts de promenade qui semblent bien funèbres : « Nous faisions de longues courses dans un pays affreux mais où se rencontraient quelques beaux châteaux ou les ruines d'anciennes abbayes. (...) Nous vîmes ailleurs un cimetière rempli de tombes de moines admirablement conservées, car les Anglais sont conservateurs. Assez souvent aussi, au milieu des campagnes désolées, nous trouvions des tombeaux romains et nous en tirions des urnes remplies de cendres. »

Bien que la maison du roi fût réduite, il fallait faire face aux dépenses courantes et fixer le traitement de chacun. En 1814, Blacas avait déposé chez un banquier londonien un capital dont les revenus permettaient d'éviter l'inquiétude, au moins dans un premier temps. De plus le nouveau roi Louis-Philippe avait fait parvenir la somme de 600 000 francs à Charles X peu avant son embarquement à Cherbourg.

L'ancien roi avait pour préoccupation essentielle la recherche d'un asile sûr puisque les nouvelles de France qui lui parvenaient chaque jour éloignaient toujours davantage, sauf peut-être dans l'idée de Marie-Caroline de Berry, les perspectives de restauration de la branche aînée des Bourbons.

L'Écosse : Holyrood (1830-1832)

Le 20 octobre, Charles X et Henri V quittaient Lullworth pour gagner Édimbourg par la mer. La Couronne anglaise leur proposait enfin le palais de Holyrood. Le reste de la famille les y rejoignit.

Le baron de Damas exposa les incommodités de l'endroit :

« Le château, un petit village voisin et le parc tout entier forment un lieu d'asile comme il y en a plusieurs en Angleterre, où se réfugient les personnes de tout rang qui craignent d'être arrêtées par leurs créanciers. On y voit souvent de très grands seigneurs, qui y demeurent jusqu'à ce que leurs affaires soient liquidées et on y trouve fort bonne compagnie : j'ai maintes fois dîné chez des personnes dans cette situation. (...) En Angleterre comme en France, on donne dans les châteaux royaux inhabités des appartements à diverses personnes. Ainsi la plus grande partie du château était occupée ; il fallut donc encore nous gêner beaucoup. Ma chambre était derrière la chambre à coucher du roi : elle donnait sur la cour, était grande et belle, mais elle servait de passage, non seulement aux princes, mais encore au public, c'est-à-dire à ceux qui venaient visiter le château. C'était une espèce de droit, et l'autorité locale, pensant qu'il pouvait y avoir de l'inconvénient à le supprimer tout d'un coup, nous demanda de vouloir bien patienter quelque temps. »

L'intérieur du château est un peu défraîchi : portes et fenêtres « vieilles et mal peintes », vieux meubles recouverts en indienne commune, tentures usées, escaliers blanchis à la chaux.

Cependant, le château d'Holyrood et ses noirs créneaux donnaient prise au lyrisme romantique de Victor Hugo :

> *Ô palais, sois béni ! Sois bénie, ô ruine,*
> *Qu'une auguste auréole à jamais illumine !*
> *Devant tes noirs créneaux, pieux nous nous courbons,*
> *Car le vieux roi de France a trouvé sous ton ombre*
> *Cette hospitalité mélancolique et sombre*
> *Qu'on reçoit et qu'on rend de Stuarts à Bourbons.*

L'appartement du roi d'Angleterre et celui de Marie Stuart étaient les seuls réservés. Marie-Caroline de Berry fut comparée à plusieurs reprises à cette reine malheureuse. Il se trouve qu'elle avait choisi ce costume lors d'un bal masqué en 1829. Un portrait anonyme conservé à Bordeaux la montre regardant au loin la mer, du navire qui s'éloigne de France. Outre des couleurs symboliques, le blanc de sa robe évoque celui des lys et le vert d'une tenture l'espérance, quelques papiers posés sur un tabouret rouge donnent la date du départ en Écosse de Marie Stuart, 1561.

La présence d'Henri V à Holyrood donnait un sens politique aux représentations romantiques de l'Écosse après 1830. Tout portrait du petit-fils de Charles X avait un carac-

tère séditieux sous Louis-Philippe. Pour échapper à la sai-
sie, les effigies de l'enfant royal portaient des légendes que
les partisans comprenaient sans difficulté : « l'Orphelin »,
« l'Exilé », « le Petit Pèlerin », « l'Enfant du Ciel », « Le
Jeune Matelot bordelais », ou encore « le Petit Montagnard
exilé ». Dans ce dernier cas, la légende est suivie des derniers vers de la romance de Chateaubriand : « Mon pays
sera mes amours / Toujours. » Des encriers, des gants, des
assiettes, des statuettes, une pendule sont ainsi dits « au
petit Écossais », ou « aux petits Écossais », lorsque l'effigie
de Louise est associée à celle de son frère, ce qui fut courant
jusqu'en 1833.

Ce romantisme agreste maintenait vivant en France le
souvenir d'un jeune prince qui était l'objet d'une double
préoccupation : son éducation et son retour en France.

Sur le premier point, de nombreux témoignages visent à
donner l'image d'une éducation soignée. Les deux sous-précepteurs, MM. de Barbançois et de Maupas, se relayaient
comme à Paris. L'enseignement était assuré par le fidèle
Joachim Barrande. M. d'Hardiviller continuait ses leçons de
dessin. « Esprit aimable et gai, M. d'Hardiviller nous servit
beaucoup dans les récréations et les voyages », remarque le
baron de Damas. Cet artiste devenu professeur de dessin a
lui-même laissé un album intéressant : *Une journée du jeune
exilé,* publié en 1832 à Paris chez Fonrouge et à Édimbourg
chez Alexander Hill (réédité un an après la mort d'Henri
sous le titre d'*Enfance du Roi,* selon H. Bauquier). On
conserve au château de Maupas, à Morogues, dans le Berry,
comme dans d'autres collections privées, quelques-uns des
dessins d'Henri à cette époque.

Le retour en France était toute l'ambition de la mère du
prince. Marie-Caroline de Berry n'était pas astreinte à résidence comme Charles X : elle put se déplacer, notamment
à Londres et à Bath pour préparer son retour en France.
Charles X l'avait, dit-on, accusée de lire trop volontiers
Walter Scott. Cette boutade révélait un désaccord qui

s'amplifia. L'ancien roi qui avait toujours manifesté de la sollicitude pour son petit-fils et de l'intérêt pour son éducation n'entendait pas, notamment pour des raisons diplomatiques, le livrer aux ambitions maternelles. C'est ainsi qu'il conserva la régence par la déclaration suivante, datée du 27 novembre 1830 : « Nous protestons en notre nom et au nom de nos successeurs légitimes contre tous les actes qui ont été ou qui pourront être faits contrairement aux droits de notre couronne et à ceux de nos sujets (...). Nous pourvoirons à la régence jusqu'à la majorité de notre petit-fils, laquelle conformément aux ordonnances des rois, nos prédécesseurs, et aux usages du royaume, aura lieu lorsque le duc de Bordeaux, Henri V, aura atteint l'âge de quatorze ans commencés, c'est-à-dire le trentième jour de septembre de l'an 1833. Au cas où, avant l'époque susdite, il plairait à la divine Providence de disposer de nous, notre bien-aimée fille, la duchesse de Berry, serait de droit régente du royaume. »

Marie-Caroline de Berry était décidée à agir, ce qui signifiait rentrer en France à tout prix. Un peu effrayé par l'ardeur de cette jeune femme, Charles X n'avait cependant pas renoncé au principe d'une restauration. A l'automne 1830, alors même que les ministres de Charles X sont condamnés, divers mouvements sont sensibles chez ses partisans, que le nouveau gouvernement appelle les carlistes. On prépara un soulèvement pour le mois de mars 1831 en s'appuyant sur l'Ouest et sur le Midi. A Nantes, on espérait installer un gouvernement provisoire. La presse légitimiste entretenait l'agitation. En France, les incidents de Saint-Germain-l'Auxerrois au mois de février 1831 jetèrent la consternation. Le 14 février, lors de la première messe célébrée à l'intention du duc de Berry depuis l'exil d'Henri V « on vit un jeune homme s'avancer vers le catafalque et placer le portrait du duc de Bordeaux devant le cercueil de son père ; il tenait à la main une couronne d'immortelles qu'il déposa sur le sol de l'église ». Une émeute suivit qui gagna

le quartier. L'église fut pillée et, le lendemain, jour de
Mardi gras, les désordres atteignirent l'archevêché et Notre-
Dame, sans que la garde nationale, fortement anticléricale
intervienne. Thiers, sous-secrétaire d'État à l'Intérieur, préférait user de la répression après coup.

A Bath, la duchesse de Berry, Bourmont, Blacas et Ber-
tier examinaient les chances de la restauration et mettaient
au point les proclamations et les désignations de fidèles. Le
17 juin 1831 Marie-Caroline quittait l'Angleterre pour le
continent sous le nom de comtesse de Sagana.
    La duchesse d'Angoulême, fille de Louis XVI, hantée par
des souvenirs cruels, allait peu à peu remplacer sa mère
auprès du jeune Henri V.

La détermination de Marie-Caroline de Berry

L'aventure de la duchesse de Berry se termina peu glo-
rieusement. Elle a son importance dans la formation politique du jeune comte de Chambord qui, toute sa vie, se tint
dans les limites de la légalité.
    Toutes les polices laissèrent la duchesse de Berry gagner
Gênes par l'Allemagne, le Tyrol, la Lombardie et le Pié-
mont. La duchesse tentait de mobiliser l'Europe, mais,
même en Italie, elle ne parvint pas à convaincre le roi de
Sardaigne, ni le pape Grégoire XVI, ni même son frère le
roi de Naples. Seul, le duc de Modène accepta de l'entendre. Mais ce souverain, célèbre par sa déraison, sa rigueur et
sa cruauté, était traité par certains de « petit Néron » et de
bourreau de l'Italie. Il a servi de modèle à Ranuce-Ernest IV
dans *La Chartreuse de Parme*. Stendhal, qui a décrit le
duché de Modène sous le nom de duché de Parme,
dépeint, au chapitre VI de ce roman, ce monstre aux peurs
chimériques et aux décisions arbitraires.

Le duc de Modène avait deux filles, Marie-Thérèse et Marie-Béatrice. La première épousa en 1846 le comte de Chambord.

Quinze ans avant, le futur beau-père d'Henri V servit les intérêts de la duchesse de Berry en l'installant à Massa. Elle eut alors à nouveau la possibilité d'organiser le soulèvement qu'elle projetait. Charles X avait accepté qu'elle soit régente à condition qu'elle soit en France. Elle rédigea à Massa une « Proclamation de S.A.R. régente du royaume » imprimée pour être distribuée à son arrivée.

Cependant, à Paris, deux complots, celui des « Tours de Notre-Dame » (4 janvier 1832), et celui de la « Rue des Prouvaires », avaient incité Louis-Philippe, inquiet de cette agitation, à faire voter le 10 avril 1832 une loi exilant les Bourbons de la branche aînée.

Le 30 avril 1832, en débarquant à Sausset-les-Pins, entre Martigues et Marseille, la duchesse de Berry risquait d'être immédiatement arrêtée. Surprise par le faible nombre de fidèles — une soixantaine —, dispersés immédiatement à Marseille, elle n'en décida pas moins de gagner la Vendée. Le voyage se fit dans des conditions absolument romanesques : travestie en jeune paysan, Marie-Caroline se faisait appeler Petit-Pierre. Elle voyagea la nuit en faisant étape chez des légitimistes jusqu'au château de Plassac-en-Saintonge chez le marquis de Dampierre. On a remarqué avec quelle superbe elle s'adressa de Plassac aux Vendéens : « Vous me trouverez à la tête des braves qui s'avancent, l'arme au bras, au milieu des populations reconnaissantes. »

En Vendée, au château des Mesliers, la duchesse reçut les chefs royalistes qui lui conseillèrent de renoncer. « Instruits de tout cela à Paris, écrit Chateaubriand, il nous était facile de prévoir le résultat. L'entreprise a pour la cause royaliste un autre inconvénient : elle va découvrir la faiblesse de cette cause et dissiper les illusions. Si Madame ne fût point descendue dans la Vendée, la France aurait toujours cru qu'il y avait dans l'Ouest un camp royaliste au repos. » Berryer porta à la duchesse une lettre de Chateaubriand qui fut inutile.

Le préfet de Louis-Philippe avait proclamé l'état de siège. Il y eut bien des combats dispersés : celui du Chêne mené par Charette, le siège et l'incendie du château de La Pénissière.

Marie-Caroline de Berry refusa une fuite préparée par Berryer, et se cacha à Nantes dans l'hôtel des demoiselles de Guiny, rue Haute-du-Château. Elle y continua une énorme correspondance avec les cours européennes et les légitimistes français.

Le 16 juillet 1832, parut, notamment dans *La Quotidienne,* une déclaration pour fêter la Saint-Henri : «... Louis-Philippe a donc été et sera toujours un obstacle à la paix, à l'union et au bonheur de tous.

« Français, un seul espoir vous reste, sachez le saisir ! (...) C'est Henri, cinquième du nom. (...) Son esprit est vif et pénétrant, sa figure ouverte, douce et charmante, sa mémoire prodigieuse, sa force et son adresse remarquables ; son caractère décidé, mais excellent ; son cœur surtout, son cœur est bon et aimant, c'est celui de son aïeul Henri IV. » Viennent ensuite des mots qui se retrouveront sous la plume d'Henri V : « Mais c'est un enfant, dit-on, cet enfant c'est plus qu'un homme, c'est un principe, c'est un gage de paix et de réconciliation. » Et la déclaration s'achève sur : « Vive Henri V ! »

Pendant quelques mois, la police de Louis-Philippe, qui avait arrêté Berryer, la chercha vainement. Puis elle fut trahie. Le baron F. de Cholet a publié deux volumes en 1832 et 1833, *Madame, Nantes, Blaye, Paris* où il relate avec indignation pendant soixante pages la vie de Simon Deutz, un de ses agents, et les circonstances de sa trahison pour une prime considérable.

A l'hôtel de Guiny, une cachette était prête dans une mansarde du troisième étage. Le soir du mardi 6 novembre 1832, la maison fut cernée.

Avec trois de ses plus fidèles partisans, Mlle Stylite de Kersabiec, le comte de Mesnard et M. Guibourg, la duchesse de Berry entra dans la cache : un étroit réduit derrière une petite cheminée garnie d'une plaque en fonte ; elle n'en ressortit que le lendemain.

La perquisition était menée avec soin, sans succès. Les gendarmes se firent donner du bois pour allumer du feu dans toutes les cheminées. Ils contraignirent ainsi ceux qu'ils recherchaient à sortir de la fournaise. Voici un extrait du procès-verbal : « Nous avons entendu, partant de l'intérieur de la cheminée, les mots suivants : *Ouvrez-nous, nous étouffons.* Au même instant, l'ouvrier maçon mis à notre disposition ayant frappé quelques coups, la plaque de ladite cheminée s'est ouverte, et nous avons découvert une dame que nous avons reconnue pour être Mme la duchesse de Berry, tête nue et vêtue d'une robe brune... » Fortuné de Cholet poursuit : « On ne dit pas que jusqu'au dernier instant, tandis que sa robe brûle, tandis que ses mains brûlent, tandis qu'elle meurt de faim et d'asphyxie, Madame refuse encore de se rendre et qu'elle veut plutôt mourir que se rendre. »

La duchesse de Berry fut emprisonnée au château de Nantes où séjournèrent avant elle, Fortuné de Cholet le rappelle avec émotion, tant de rois et jusqu'à Marie Stuart, « si innocente et si persécutée, si historique et si malheureuse ».

Trois ans plus tard, en juillet 1835, Victor Hugo composait un poème aux accents pour le moins xénophobes qui flétrit la trahison de Simon Deutz :

> *Rien ne te disait donc dans l'âme, ô misérable !*
> *Que la proscription est toujours vénérable*
> *Qu'on ne bat pas le sein qui nous donna son lait,*
> *Qu'une fille des rois dont on fut le valet*
> *Ne se met point en vente au fond d'un antre infâme...*
> > *(A l'homme qui a livré une femme.)*

De Nantes, Marie-Caroline de Berry embarqua sur la corvette *La Capricieuse* qui l'emmenait à Blaye. Elle arriva dans cette citadelle le 15 novembre 1832, jetant dans l'embarras autant les membres du gouvernement de Louis-Philippe que les légitimistes.

Chateaubriand revenu de voyage reprend sa plume de polémiste :

« Quand la mère de Henri V avait cru à des succès, elle m'avait donné mon congé ; son malheur déchirait son dernier billet et me rappelait à sa défense. » Il examine les moyens dont dispose le gouvernement pour justifier son internement : relève-t-il d'une mesure de police ? La conduira-t-il en cour d'assises ? Il met en scène un défenseur et s'adresse lui-même à l'accusateur. Il demande le témoin Louis-Philippe et la production d'une pièce à conviction, la robe brûlée, « car il faut qu'il y ait toujours une robe jetée au sort dans ces marchés de Judas ».

Il cite toujours, dans ses *Mémoires d'outre-tombe*, sa « folle dépense de larmes », l'apostrophe finale de son *Mémoire sur la captivité de Madame la Duchesse de Berry* :

« Illustre captive de Blaye, Madame ! que votre héroïque présence sur une terre qui se connaît en héroïsme amène la France à vous répéter ce que mon indépendance politique m'a acquis le droit de vous dire : *Madame, votre fils est mon Roi !* (...) Hélas ! je me désole de ne pouvoir rien pour vos présentes destinées ! Mes paroles se perdent inutilement autour des murs de votre prison : le bruit des vents, des flots et des hommes, au pied de la forteresse solitaire, ne laissera pas même monter jusqu'à vous ces derniers accents d'une voix fidèle. »

En fait, la voix de Chateaubriand ne se perdit pas inutilement. La formule « Madame, votre fils est mon Roi » devint la devise de la France légitimiste et fut gravée sur des bagues, des colliers et d'innombrables bibelots. Chateaubriand en fut surpris. Plus tard, il devait avouer croire moins au retour d'Henri V que « le plus violent républicain ». Il constata avec une froide amertume : « Entre les royalistes et moi il y a quelque chose de glacé : nous désirons le même Roi ; à cela près, la plupart de nos vœux sont opposés. »

Le gouvernement, ayant éprouvé fort peu de satisfaction devant le succès de la phrase fameuse de Chateaubriand, engagea un procès : « Quelques journaux ayant répété la phrase *Madame, votre fils est mon Roi!* ont été traduits devant les tribunaux pour délit de presse ; je me suis trouvé enveloppé dans la poursuite. (...) Je devais essayer de sauver par ma présence les hommes attaqués pour moi. »

Il était plutôt maladroit de donner l'occasion à un orateur de cette qualité l'occasion de produire un nouveau discours polémique. Le procès se conclut par l'acquittement de tous et une popularité accrue pour l'écrivain.

A Blaye, l'image glorieuse de Marie-Caroline, veuve inconsolable, désarmée et prisonnière, avait été affaiblie par l'annonce de son mariage secret le 22 février 1833. Le 26, la nouvelle fut publiée à Paris et provoqua un grand émoi.

On sut qu'elle eut des malaises qu'un de ses médecins attribuait au climat et aux épreuves qu'elle s'était imposées. Sa santé plaidait pour une libération rapide. Le bruit courait depuis quelque temps qu'elle était enceinte. C'était exact, mais elle refusait toujours de l'avouer.

L'emprisonnement de la duchesse de Berry causait quelque souci au gouvernement : s'il escomptait recueillir les bénéfices d'un scandale, il avait à combattre l'intransigeance des légitimistes. Ils niaient le fait que la duchesse attendît un enfant ; ils refusaient donc d'entrer dans la citadelle pour une visite qui devait immanquablement les convaincre car ils réclamaient sa liberté ; enfin, ils protestaient contre le projet inconvenant de constater sa grossesse.

On décida donc d'une part de prolonger l'emprisonnement de la duchesse jusqu'à la naissance de l'enfant, et d'autre part de prendre les précautions suivantes : constater l'accouchement et d'abord en garantir les meilleures conditions médicales et morales. Il fallait qu'elle eût confiance en son médecin et que sa vie en détention fût supportable.

A Blaye, Marie-Caroline de Berry disposait d'un appartement convenablement meublé. Elle lisait de nombreux journaux et pouvait recevoir des cadeaux. Cependant elle était assez étroitement surveillée : le gouverneur devait éviter toute tentative de suicide qui aurait immanquablement donné prise à l'opposition légitimiste. Un surveillant de nuit logeait ainsi dans une pièce située exactement sous la chambre à coucher de la duchesse. On raconta que par deux entonnoirs ou écoutes, il pouvait entendre ce qui se passait dans cette chambre.

Lors de ses promenades sur les remparts, la duchesse était saluée par les légitimistes qui considéraient Blaye comme un lieu de pèlerinage. Cependant, le gouverneur de la citadelle, inquiet de toutes ces allées et venues, se tenait prêt à résister à toute tentative d'enlèvement, d'évasion ou d'atteinte à sa vie.

Le 10 mai 1833, la mère d'Henri V accoucha d'une petite fille qui ne vécut guère. Le docteur Deneux, ancien accoucheur de Marie-Caroline et qui avait conservé des opinions carlistes, signa une déclaration : « Je déclare que Son Altesse Royale, duchesse de Berry, épouse en légitime mariage du comte Hector Lucchesi-Palli, des princes de Campo-Franco, gentilhomme de la chambre du roi des Deux-Siciles, domicilié à Palerme, ledit comte absent, est accouchée le 10 mai 1833, à trois heures vingt minutes du matin, d'un enfant de sexe féminin. Les prénoms de l'enfant sont Anne-Marie-Rosalie. » S'y ajoutèrent un procès-verbal et un rapport au préfet. Le comte de Lucchesi-Palli avait accepté ce mariage avec la sœur de son roi. Il ne pouvait être le père de l'enfant. Toute l'Europe savait que le mariage avait été négocié pendant la captivité à Blaye.

Des légitimistes dénoncèrent les documents de la naissance et déposèrent une plainte pour présomption légale de supposition d'enfant.

Quelque temps après, on répondit au vœu de la duchesse de Berry qui souhaitait regagner Palerme. Le 8 juin 1833, elle embarquait avec sa fille sur la corvette *L'Agathe* pour cette destination.

Cet épisode eut une triste conséquence pour le duc de Bordeaux ; il décida de sa séparation d'avec sa mère exclue de la famille royale. Marie-Thérèse d'Angoulême remplaça la figure maternelle.

Les tentatives de soulèvement dans le Midi et en Vendée avaient échoué. Non seulement elles se terminèrent sans gloire, mais elles consolidaient encore la position de Louis-Philippe. L'entourage d'Henri V, sensible à l'énergie et à la vaillance de Marie-Caroline, souhaita par-dessus tout oublier cet épisode et en tira une leçon de prudence.

La majorité d'Henri à Prague

« Quelque jeune que fût cet enfant, écrit le baron de Damas, il était trop spirituel et trop avancé pour ne pas se douter des divisions de sa famille et des intrigues qui nous environnaient. » Il avait bien fallu lui expliquer l'état des choses. En juillet 1832, alors que sa mère se cache à Nantes, on entreprit, sans doute pour distraire l'enfant, un voyage en Écosse d'Inverness à Inverary et Glasgow avec le baron de Damas, Barrande, le comte de Maupas, d'Hardiviller, Lavillatte, les enfants du duc de Guiche et leur mère. D'Hardiviller a laissé un autre album : *Souvenirs des Highlands, voyage à la suite d'Henri V,* qui en représente les plus belles étapes. Au retour de ce périple qui concluait son séjour écossais, Henri écrivit à Marie-Caroline de Berry, comme l'avait déjà fait Charles X, pour lui demander de revenir auprès de sa famille. Leurs prières furent vaines et l'on sait ce qu'il advint de la duchesse de Berry restée à Nantes.

L'été de 1832 fut également occupé par les préparatifs du départ des exilés vers l'Autriche. Le gouvernement autrichien, qui redoutait les conséquences européennes hasardeuses de la tentative de Marie-Caroline de Berry, avait consulté ses alliés et décidé d'attendre avant d'accepter.

Le 7 juillet 1832, Marie-Thérèse envoie une lettre datée d'Édimbourg à l'empereur d'Autriche, son « frère et cousin », pour le remercier de l'« asile » qu'il a bien voulu accorder à la famille royale. Elle précise que, « voyageant incognito sous le nom de la comtesse de Marnes », elle souhaite s'arrêter à Vienne pour le revoir ainsi que sa famille et ceux qui lui ont conservé leur souvenir. Un mois plus tard, Charles X écrit également à propos de l'hospitalité de l'empereur dans ses États : « La sécurité que je suis certain d'y trouver pour toute ma famille sera un adoucissement à mes peines que les trop cruelles circonstances renouvellent sans cesse. »

Au début de septembre, Marie-Thérèse quittait l'Écosse pour la Hollande *via* Londres, en compagnie de Louise. Le 18 de ce mois, Charles X, lassé d'attendre le bateau que devait lui fournir le gouvernement britannique, quitta lui aussi l'Écosse avec le duc d'Angoulême et son neveu. Ils débarquèrent le 20 septembre à Altona et, après un séjour à Vienne, ils gagnèrent enfin Prague fin octobre. L'empereur d'Autriche mettait à leur disposition le Hradschin, l'ancien palais des rois de Bohême, immense, couronnant l'une des collines de la ville.

La famille royale était à peine installée dans ce vaste château lorsqu'elle apprit l'arrestation de Marie-Caroline à Nantes le 7 novembre. Par son nouveau mariage, la duchesse de Berry déconsidérait le mouvement plus gravement et plus durablement que l'échec vendéen, mais elle refusait de renoncer à ses titres, dont le premier était d'être la mère d'Henri V. Trois jours avant la naissance de sa fille en prison, elle chargea, par lettre, Chateaubriand d'une ambassade secrète à Prague.

« ... Je vous demande, ô monsieur de Chateaubriand, de porter à mes chers enfants l'expression de toute ma tendresse pour eux. Dites bien à Henri que je compte plus que jamais sur tous ses efforts pour devenir de jour en jour plus digne de l'admiration et de l'amour des Français. Dites à Louise combien je serais heureuse de l'embrasser et que ses lettres ont été pour moi ma seule consolation. Mettez mes hommages aux pieds du Roi et offrez mes tendres amitiés à mon frère et à ma bonne sœur... »

Dans une note qui accompagne cette lettre, elle justifie ainsi son départ pour l'Italie : « Tous mes vœux auraient été de me rendre à Prague aussitôt que je serai libre ; mais les souffrances de tout genre que j'ai éprouvées ont tellement détruit ma santé que je serai obligée de m'arrêter quelque temps en Italie pour me remettre un peu et ne pas trop effrayer par mon changement mes pauvres enfants. » Elle ajoute qu'elle désire conserver son titre et son nom, que le comte Lucchesi-Palli est descendant d'une des quatre plus anciennes familles de Sicile et qu'enfin elle songe toujours à ses deux projets : la réunion de la Belgique à la France et le mariage de son fils. Chateaubriand quitte Paris le 14 mai ; il a également en sa possession une lettre pour Mme la Dauphine et un billet pour les deux enfants. Sa calèche est, dit-il, « délabrée comme la monarchie de Hugues Capet ». Il arrive à Prague au soir du 24 mai. Il est immédiatement reçu par Charles X. Le lendemain, il est introduit auprès du dauphin qui lui « fit une extrême pitié », et il est enfin conduit à l'appartement du gouverneur où il rencontre Henri.

Après avoir salué les deux enfants, il s'avança vers l'orphelin pour lui dire : « Henri V me veut-il permettre de déposer à ses pieds l'hommage de mon respect ? Quand il sera remonté sur son trône, il se souviendra peut-être que j'ai eu l'honneur de dire à son illustre mère : *Madame, votre fils est mon Roi.* Ainsi, j'ai le premier proclamé Henri V Roi de France, et un jury français en m'acquittant, a laissé subsister ma proclamation. Vive le Roi ! » L'enfant était étonné d'entendre parler de sa mère. Louise, sa sœur, demanda si elle sortirait bientôt de prison.

Chateaubriand rapporte également une des réponses de Charles X qu'il interpréta comme un acquiescement aux demandes de Marie-Caroline sur ses titres de duchesse de Berry et de mère d'Henri V : « ... que madame la duchesse de Berry aille à Palerme : qu'elle vive maritalement avec M. Lucchesi à la vue de tout le monde, alors on dira aux enfants que leur mère est mariée ; elle viendra les embrasser. »

L'ambassadeur de Marie-Caroline de Berry assista à une leçon d'équitation d'Henri qui se montra « hardi et tout à fait élégant ». Il nous a laissé deux portraits des enfants.

Voici celui de Louise :

« Mademoiselle rappelle un peu son père : ses cheveux sont blonds ; ses yeux bleus ont une expression fine ; petite pour son âge, elle n'est pas aussi formée que la représentent ses portraits. Toute sa personne est un mélange de l'enfant, de la jeune fille et de la princesse : elle regarde, baisse les yeux, sourit avec une coquetterie naïve mêlée d'art : on ne sait si on doit lui dire des contes de fées, lui faire une déclaration ou lui parler avec respect comme à une reine. La princesse Louise joint aux talents d'agrément beaucoup d'instruction : elle parle anglais et commence à savoir bien l'allemand ; elle a même un peu d'accent étranger, et l'*exil* se marque déjà dans son langage. »

Le portrait d'Henri est celui d'un *vrai petit garçon* :

« Henri est mince, agile, bien fait ; il est blond ; il a les yeux bleus avec un trait dans l'œil gauche qui rappelle le regard de sa mère. Ses mouvements sont brusques ; il vous aborde avec franchise ; il est curieux et questionneur ; il n'a rien de cette pédanterie qu'on lui donne dans les journaux ; c'est un vrai petit garçon comme tous les petits garçons de douze ans. » Chateaubriand lui fit compliment sur sa bonne mine à cheval : « Vous n'avez rien vu, me dit-il, il fallait me voir sur mon cheval noir ; il est méchant comme un diable ; il rue, il me jette par terre, je remonte, nous sautons la barrière. » Le soir, il revit les enfants : « J'ai fait du mieux que j'ai pu un récit des pyramides, du saint tombeau, du Jourdain, de la Terre sainte. L'attention des enfants était merveilleuse. »

Le soir, ils demandèrent au visiteur, comme par jeu, de leur poser des questions sur l'histoire jusqu'à huit heures, moment de leur coucher.

Chateaubriand ne revit ces enfants que le 29 mai et partit le lendemain très tôt avec une lettre de Louise et d'Henri pour leur mère. Il s'arrêta à Carlsbad où Marie-Thérèse d'Angoulême séjournait pour prendre les eaux. Il lut sa lettre de créance rédigée par Marie-Caroline. La dauphine la plaignait beaucoup « sans aller plus loin » et reprit sa broderie. Encore fallait-il prendre connaissance des lettres de Marie-Caroline adressées, l'une à Marie-Thérèse, l'autre aux enfants. Elles étaient écrites au citron : on dressa un réchaud sur le palier pour présenter les lettres à la flamme. « Étrange scène : la fille de Louis XVI déchiffrant avec moi, en haut d'un escalier à Carlsbad, les caractère mystérieux que la captive de Blaye envoyait à la captive du Temple ! »

Marie-Thérèse assura sa belle-sœur par une lettre du 31 mai 1833 qu'elle veillerait sur les enfants. Chateaubriand rendit compte de son voyage dès son retour à Paris le 6 juin 1833 mais sa lettre, envoyée à Blaye, n'atteignit la duchesse de Berry qu'à son arrivée en Italie.

L'éducation du jeune duc de Bordeaux restait le seul point sur lequel Chateaubriand n'avait pas reçu d'assurances pendant son voyage. Le 30 juin, il envoie une longue lettre à Marie-Thérèse pour exposer ses vues : « Il est à désirer, Madame, que cette éducation dirigée par des hommes dont les noms soient populaires en France devienne publique dans un certain degré. » Il ajoutait : « Il devra achever ses études par des voyages chez les peuples de l'ancien et même du nouveau continent, pour connaître la politique et ne pas s'effrayer ni des institutions ni des doctrines. S'il peut servir comme soldat dans quelque guerre lointaine et étrangère, on ne doit pas craindre de l'exposer. Il a l'air résolu ; il semble avoir au cœur du sang de son père et de sa mère ; mais s'il pouvait jamais éprouver autre chose que le sentiment de la gloire dans le péril, qu'il abdique : sans le courage, en France, point de couronne. »

Chateaubriand avait, lui aussi, pensé devenir gouverneur d'Henri V et être ainsi un nouveau Fénelon. Mais sur les conseils du marquis de Foresta, le choix de Charles X s'était porté sur deux jésuites, les pères Deplace et Druilhet. Joachim Barrande, à qui l'on ne réservait plus que l'enseignement des sciences, fit un éclat et fut renvoyé le 30 juin 1833. Mme de Gontaut qui, comme Henri avait déploré ce départ, fut remplacée par Mme d'Agout. Les deux pères jésuites furent cependant rapidement écartés, ce qui désola à nouveau Henri, et provoqua la démission du baron de Damas.

Après un intérim de quatre mois assuré par le général-marquis d'Hautpoul, Mgr Frayssinous prit en charge l'éducation d'Henri. Il s'était fait accompagner de l'abbé Trébuquet, son coadjuteur, celui qui sera pendant trente ans l'aumônier de Frohsdorf, le confesseur et le directeur de conscience d'Henri V.

L'enfant attendait avec intérêt son treizième anniversaire car il marquait sa majorité. La duchesse de Berry tenait à y être présente. De son point de vue, les résultats de l'ambassade de Chateaubriand étaient à tout le moins incomplets. Elle le convoqua donc à Venise pour recevoir ses conseils avant de gagner Prague où elle voulait obtenir l'acte de majorité de son fils. Chateaubriand en était à son « dixième passage des Alpes ». De Venise où il attendait la duchesse de Berry en souhaitant qu'elle soit retardée, il part pour Ferrare où il la rencontre le 18 septembre. C'est pour lui l'occasion de faire la connaissance de son mari : « Le comte Lucchesi-Palli est grand et brun : Madame le dit *Tancrède* par les femmes. Ses manières avec la princesse, sa femme sont un chef-d'œuvre de convenance ; ni humbles ni arrogantes, mélange respectueux de l'autorité du mari et de soumission du sujet. »

Chateaubriand refuse d'abord de retourner à Prague ; il prévoit un insuccès. Désabusé, il donne ce portrait de la petite cour de Marie-Caroline :

« Nous ressemblions pas mal à une troupe ambulante de comédiens français jouant à Ferrare, par la permission de Messieurs les magistrats de la ville, *La Princesse fugitive* ou *La Mère persécutée*. Le théâtre présentait à droite la prison ·du Tasse, à gauche la maison de l'Arioste. Cette royauté sans royaume, ces émois d'une cour renfermée entre deux calèches errantes, laquelle avait le soir pour palais l'hôtel des Trois-Couronnes ; ces conseils d'État tenus dans une chambre d'auberge, tout cela complétait la diversité des scènes de ma fortune. »

Sur le mot « Ne m'abandonnez pas ! », Chateaubriand se décida enfin à partir pour Prague, d'autant qu'on essayait d'en empêcher la duchesse de Berry.

Charles X s'était rendu dans sa résidence d'été de Butschirad où devait avoir lieu la cérémonie du 29 septembre marquant la majorité d'Henri. Chateaubriand a décrit cette villa des grands-ducs de Toscane : « On arrive à Butschirad par une triple allée de pommiers. La villa n'a aucune apparence ; elle ressemble, avec ses communs, à une belle métairie, et domine au milieu d'une plaine nue un hameau mélangé d'arbres verts et d'une tour. »

Le roi exilé savait que de nombreux partisans viendraient de France, et parmi eux, beaucoup de jeunes hommes qui furent retardés en France et aux frontières. Il considérait qu'il était encore roi dans son exil et l'inconvenance des manifestations de fidélité à son petit-fils le frappa. Le 27, la famille royale apprit que la duchesse de Berry était retenue à Leoben par une indisposition grave et décida de se rendre auprès d'elle. La cérémonie, qui ne devait d'ailleurs revêtir aucun caractère officiel, fut avancée de quelques jours de sorte que certains partisans ne purent y assister. Lorsqu'ils arrivèrent, le prince était déjà sur les routes. Chateaubriand parla de « sauve-qui-peut » : « Si les voyageurs obtiennent enfin la permission de prononcer à la hâte un compliment, on les écoute avec crainte. (...) On fuit devant une poignée de Vendéens, comme on s'est dispersé devant une centaine de héros de Juillet. »

La fête eut tout de même lieu ce 27 septembre en fin de matinée. Henri reçut ses fidèles et fut salué par le vicomte Walsh qui parla au nom de tous. Après avoir rappelé les devoirs que sa naissance lui imposait, il fut armé chevalier et reçut des présents venant de plusieurs villes de France (éperons, médailles, une épée d'or), acquis par souscription.

Ce jour-là, Henri était « vêtu d'une redingote de velours portant une fraise blanche à la Henri IV » : le portrait de Grevedon (Prague, 1833) fut imité et vulgarisé par de nombreuses lithographies qui reprirent ce détail vestimentaire symbolique.

La duchesse de Berry retrouva enfin ses enfants à Leoben et repartit en Italie avec M. Lucchesi-Palli.

Chateaubriand eut le plaisir de faire approuver par le roi Charles X, alité et fiévreux, un projet de déclaration resté sans effet :

« Nous, Henri V[e] du nom, arrivé à l'âge où les lois du royaume fixent la majorité de l'héritier du trône, voulons que le premier acte de cette majorité soit une protestation solennelle contre l'usurpation de Louis-Philippe, duc d'Orléans. En conséquence, et de l'avis de notre conseil, nous avons fait le présent acte pour le maintien de nos droits et de ceux des Français. Donné le trentième jour de septembre de l'an de grâce mil huit cent trente-trois. »

Chateaubriand revint sur l'éducation d'Henri V pour regretter encore qu'il ne tire pas profit de l'école de l'adversité : « Dans les rigueurs mêmes de la Providence, un moyen de salut semblait se cacher : l'expatriation sépare l'orphelin de ce qui menaçait de le perdre aux Tuileries. (...) Loin d'améliorer l'éducation d'Henri V, on la rend plus fatale par l'intimité que produit la vie resserrée en famille : dans les soirées d'hiver, des vieillards, tisonnant les siècles au coin du feu, enseignent à l'enfant des jours dont rien ne ramènera le soleil ; ils lui transforment les chroniques de Saint-Denis en contes de nourrice ; les deux premiers barons de l'âge moderne, la *Liberté* et l'*Égalité,* sauraient bien forcer Henri *sans terre* à donner une Grande Charte. »

Charles X est peut-être devenu l'un de ces « vieillards tisonnants les siècles », selon l'étonnante image de Chateaubriand. Il a eu peur de la Jeune France venue rendre hommage à son petit-fils ; il redoute moins, après l'entrevue de Leoben, Marie-Caroline devenue Lucchesi-Palli qui s'est installée en Italie avec sa nouvelle famille.

La publicité faite en France par ces pèlerins légitimistes avant et après la majorité témoigne du rôle important joué par la presse qui entretenait vivant le souvenir d'Henri V.

Les délégations de partisans venus de France se succédèrent tout l'automne auprès de lui pour manifester leur dévouement. Cela tendait à effacer des mémoires l'échec vendéen de l'année précédente, et préparait les rassemblements de Belgrave Square, d'Ems et de Wiesbaden où à nouveau diverses provinces françaises furent représentées.

La fin des humanités à Goritz

A la fin de l'année 1833, il était clair que la mère du jeune prince vivrait en Italie. La séparation n'était pas définitive : Henri et Louise reverront leur mère fréquemment.

Elle était cependant symbolique : après 1833, le portrait de Marie-Caroline, devenue comtesse de Lucchesi-Palli, n'est plus lié à l'iconographie d'Henri.

Charles X, le duc et la duchesse d'Angoulême ainsi que Louise composaient la seule famille d'Henri. Leur présence constante et leur sollicitude compensaient certainement pour une part les retours en France successifs des membres de son entourage chargés de son éducation.

En effet, l'entourage du prince avait été renouvelé entièrement, à l'exception de l'écuyer, le comte O'Hegerty. Jusqu'au départ de Prague, outre Mgr Frayssinous et l'abbé Trébuquet, la nouvelle équipe des maîtres d'Henri se composait du mathématicien Cauchy, du colonel Mousnier à qui incombait l'art militaire, et de l'ancien ministre Montbel chargé des leçons d'économie politique.

Pendant l'été 1835, Charles X forma le projet de quitter l'immense palais du Hradschin car au printemps suivant, Ferdinand Ier devait être couronné roi de Bohême à Prague, et l'on concevait mal comment auraient pu se régler les inévitables problèmes d'étiquette.

Tandis que la duchesse d'Angoulême allait prendre les eaux à Carlsbad, Charles X, son fils et ses deux petits-enfants partirent pour Toeplitz. Le but du voyage était Goritz, ville partagée par l'actuelle frontière italo-yougoslave. Le choléra y sévissait. Prenant la direction de Vienne, ils s'arrêtèrent à Budweiss, à l'hôtellerie des Trois-Coqs. Le duc de Bordeaux y fut gravement malade, d'une fièvre mal expliquée, qui mit son entourage en émoi. Alexandre de Saint-Albin qui rapporte les alarmes de Charles X évoque aussi la pâleur d'Henri qui « était un avertissement qui ne permettait pas de précipiter la marche vers le terme du voyage ».

Charles X « songeait plus amèrement que jamais qu'il ne reverrait pas la France ». Il s'installa avec Henri le 21 octobre 1836 au château de Graffenberg, palais des comtes Coronini, tandis que le duc et la duchesse d'Angoulême ainsi que Louise occupaient le palais Strassoldo. A la fin du mois, le froid fut vif. Charles X eut un malaise le 1er novembre et le 4, jour de la Saint-Charles, il donna quelques audiences, mais à nouveau son état s'aggrava. Les signes du choléra se déclaraient avec certitude. Henri et Louise refusèrent d'être éloignés du lit de son agonie. Un tableau anonyme, conservé au château de Chambord, évoque ses derniers moments. Il est entouré par ses proches et reçoit l'extrême-onction du cardinal de Latil, celui-là même qui l'avait sacré à Reims et qui avait assisté son fils dans ses derniers moments le 13 février 1820. Les funérailles eurent lieu le 11 novembre 1836.

Le corps du roi embaumé fut déposé dans un cercueil surmonté d'une couronne. Le convoi quitta le palais Coronini pour la cathédrale puis l'église du couvent franciscain de la Castagnavizza.

Louis-Antoine, duc d'Angoulême et comte de Marnes en exil, devenait chef de famille à la mort de son père Charles X.

Pour lever toute équivoque, puisque certains l'appelaient déjà Louis XIX, il fit la déclaration suivante le 8 novembre 1836 : « Je déclare persister dans l'intention où j'étais, à l'époque des événements de juillet 1830, de transmettre la couronne à mon bien-aimé neveu, le duc de Bordeaux ; mais dans les circonstances actuelles, l'intérêt des enfants de mon bien-aimé frère, le duc de Berry, exige que je sois en réalité le chef de ma famille et pour en exercer les droits, je dois être investi de l'autorité royale. Je prends donc le titre de roi, bien résolu à ne faire usage du pouvoir qu'il me donne que pendant la durée du malheur de la France, et à remettre à mon neveu, le duc de Bordeaux, la couronne le jour où, par la grâce de Dieu, la monarchie légitime sera rétablie. »

Dans l'annonce qu'il fit parvenir aux cours européennes,

le duc d'Angoulême revint sur la protection qu'il devait à Henri et à Louise, et rappela avec force : « Dans les circonstances actuelles, mon intention est de ne prendre d'autre titre que celui de comte de Marnes. » Henri de Pène a utilisé une belle métaphore pour résumer les positions de l'oncle d'Henri V : « Le comte de Marnes considérait sa vie comme un livre clos et la vie commençante de son neveu comme une page blanche qu'il fallait tenir à la disposition de la Providence qui y inscrirait ses décrets. »

Henri V avait atteint l'âge de seize ans. Mgr de Frayssinous, chargé de son éducation, s'entretenait avec lui de la fonction royale. Il lui fait aussi entreprendre une longue série de voyages : de 1836 à 1838 le contact avec les réalités du monde complétait la dernière phase de ses humanités.

Au début de 1837, le comte de Chambord se rendit à Aquilée et visita ses ruines. Alexandre de Saint-Albin analysa ainsi le choix de cette destination : « Le choix d'Aquilée, *la seconde Rome,* marquait bien la transition des études classiques à des études nouvelles. Le Prince ne sortait pas encore de l'antiquité, mais il sortait de son cabinet de travail et entrait dans le monde. Le monde allait le connaître. » A l'automne, il séjourna à Graz près de sa mère et s'intéressa à l'occupation militaire de la ville en 1805 et 1809. A la vue de quelques officiers, il s'adressa ainsi, dit-on, à M. de Monti : « Qu'il est amer, après avoir pu se parer de l'uniforme dans son enfance, d'être à dix-sept ans le seul Français qui ne puisse prendre l'uniforme et l'épée. »

De retour à Goritz pour l'anniversaire de la mort de Charles X, il voyagea ensuite à Venise.

Au jour du dix-huitième anniversaire d'Henri finissait le préceptorat de Mgr de Frayssinous. L'évêque d'Hermopolis revint en France, laissant auprès de son royal élève l'abbé Trébuquet. Le temps des gouverneurs et des sous-gouverneurs était également passé : Henri V avait reçu les leçons des généraux d'Hautpoul, de Bouillé, de Saint-Chamans et de Brissac.

Le duc d'Angoulême appela auprès de son neveu le duc de Lévis et le comte de Locmaria.

Le duc de Lévis, né en Angleterre pendant l'émigration, avait notamment fait en 1823 la campagne d'Espagne, ce qui l'avait fait remarquer du duc d'Angoulême. Il avait suivi Charles X en exil. Fidèle au comte de Chambord, il mourut auprès de lui à Venise en 1863.

Il n'avait pas encore quarante-cinq ans lorsqu'il se mit au service du jeune prince aux conditions suivantes : « Le prince doit être son propre gouverneur, mais il peut avoir besoin de mes conseils. S'il me les demande, je les donnerai ; c'est à ce seul titre que je me mets à son service. »

Le duc de Lévis s'acquitta avec zèle de ses fonctions de conseiller et accompagna le comte de Chambord dans une série de voyages en Europe : Venise et la Lombardie à la fin de l'année 1838, la Hongrie et la Transylvanie en mai et juin 1839. Le général de Latour-Foissac, le comte de Montbel, ancien ministre de l'Instruction publique, et le comte de Locmaria participèrent aussi à ce voyage. Il avait pour but d'étudier « les mœurs, les coutumes, les institutions et les tendances si diversement jugées des nations hongroise et transylvaine », selon les mots du comte de Locmaria dans ses *Souvenirs des voyages du comte de Chambord de 1839 à 1843*. Cet ouvrage donne l'itinéraire et le détail des visites et consigne quelques réflexions du comte de Chambord. Ainsi, celle-ci est inspirée par la pauvreté du pays traversé de Trieste à Fiume : « Les souverains voyagent beaucoup, dit-il, mais le plus souvent, ils parcourent triomphalement de beaux pays ; c'est surtout vers des contrées comme celle-ci qu'ils devraient porter leurs pas ; car ce sont les malheureux qui ont le plus besoin d'être connus des rois. »

Le voyage, qui fut fertile en expériences et rencontres diverses, se conclut par une entrevue avec Metternich à Presbourg (Bratislava, aujourd'hui) et une visite à la famille impériale de Vienne.

Du 2 juillet au 3 octobre, le séjour auprès de ses proches

dans la résidence d'été de Kirchberg puis à Goritz fut utilisé à préparer le voyage de Vérone. Des études d'histoire militaire, de tactique et d'administration allaient trouver leur application immédiate lorsqu'il assisterait dans cette ville aux manœuvres d'automne. D'autres études préparaient l'étape suivante : de Vérone, le comte de Chambord comptait gagner Rome, en dépit du fait que les passeports n'avaient pas été accordés. Il s'y rendit donc incognito, avec l'autorisation du duc d'Angoulême, *via* Mantoue et Gênes. Il ne s'agissait plus de découvrir le monde mais de s'en faire connaître.

En entrant dans Rome par surprise, le comte de Chambord manifestait qu'il n'était pas prisonnier de l'Autriche. Il commençait ainsi une nouvelle période de sa carrière qui contrastait avec l'existence protégée que menait sa famille. Les voyages, dont l'initiative revenait à son entourage, prenaient la suite des errances de l'exil : de Cherbourg à Lullworth, d'Holyrood à Prague et Goritz.

A l'âge de douze ans, il avait été séparé de sa mère qui avait risqué pour lui sa vie en Vendée : l'échec de l'expédition légitimiste et son remariage la contraignaient à vivre en Italie. Quatre ans plus tard, la disparition de Charles X avait été une nouvelle épreuve.

La famille royale, réduite au duc et à la duchesse d'Angoulême, à Louise et Henri, disposait de la résidence d'été de Kirchberg, dans la région de Linz, achetée en 1836 par le duc de Blacas qui était l'homme d'affaires des Bourbons en exil. En 1839, il acheta le domaine de Frohsdorf où Henri V s'installa après son retour d'Angleterre et la mort de son oncle.

III

Voyages et apprentissages

Henri V allait à Rome pour faire preuve d'indépendance. C'était un pas. Ce voyage rendait sensible la « coïncidence entre le sentiment monarchique et le sentiment religieux », notée par Pierre de Luz.

Plus tard, le voyage de Londres, qui réussit à rassembler hors de France les représentants des provinces fidèles, est apparu comme un succès plus net : la publicité que lui assura la presse légitimiste et le gouvernement inquiet de Louis-Philippe rendirent plus éclatantes certaines fidélités.

Le fils aîné de l'Église à Rome

Le voyage à Rome, s'il pouvait être marqué par une audience de Grégoire XVI, aurait le mérite de faire apparaître Henri V comme le fils aîné de l'Église. L'entourage du prince pouvait compter sur la bienveillance du souverain pontife qui voyait l'indépendance de la papauté vaciller et qui fut le dernier à recevoir et à transmettre intact le pouvoir temporel des papes. Par égard pour Grégoire XVI, le comte de Chambord ne l'avait pas averti de ce voyage, si bien qu'il n'en pouvait porter la responsabilité.

Encore fallait-il parvenir jusqu'à Rome sans que personne ne reconnaisse Henri V, sans passeport, dans le plus strict incognito.

Le voyage semble s'être déroulé rapidement et sans trop de difficultés. Le prince passait pour le neveu du duc de Lévis.

A Gênes, Henri embarqua sur le *Columbo,* qui portait autrefois le nom de *Carlo-Alberto* lorsqu'il avait amené la duchesse de Berry en Provence. Le comte de Chambord nota dans son journal : « Que de tristes pensées j'aurais eues si je l'avais su ! Je ne l'appris qu'à Rome de ma mère qui me dit qu'on avait débaptisé ce malheureux pour le crime de l'avoir portée en France. »

Ce journal du *Voyage en Italie* du comte de Chambord a été partiellement édité en 1933 par le prince Sixte de Bourbon-Parme. Les larges extraits proposés proviennent sans aucun doute d'une « mise au net recopiée par l'auteur. Celle-ci a dû être faite ou refaite en partie pendant l'hiver 1847-1848 », ainsi qu'en témoignent un paragraphe ajouté et daté de janvier 1848 et une allusion au tombeau de M. de Latour-Maubourg, ambassadeur à Rome de Louis-Philippe, « roi des Français ».

Ce texte est intéressant à plusieurs titres. Non seulement il rend compte de l'itinéraire suivi et des visites aux monuments de Rome, mais il conserve la mémoire de certaines émotions du jeune prince. D'aucunes sont heureuses. Ainsi, du bateau qui le mène à Livourne, il contemple les montagnes de la Corse, et donc de la France : « Mes yeux restèrent longtemps attachés sur ces rives françaises que je n'avais pu voir depuis si longtemps, et une foule de pensées de tristesse et d'espérance vinrent assiéger mon esprit. On me montra l'île d'Elbe. Des nuages épais la cachaient ; je crus l'apercevoir mais je n'en étais pas certain. La Corse et l'île d'Elbe, quel rapprochement ! »

De Livourne, il se dirige vers Pise, Sienne et Ponte Centina, qui était la frontière des États romains. Le voyage avait un parfum d'aventure, puisqu'il fallait passer aussi cette frontière sans passeport personnel. Le comte de Chambord note avec un soulagement ironique : « On ne nous fit aucune difficulté, moyennant beaucoup d'argent quêté par tous les employés. »

Lorsqu'un avis du gouvernement autrichien parvint à Rome pour annoncer qu'Henri V ne viendrait pas, il s'y trouvait déjà.

S'il était arrivé *incognito,* il comptait bien maintenant se faire reconnaître de la société romaine, des Français à Rome et d'abord du Saint-Père.

Il passa d'abord trois jours en compagnie de sa mère qui l'emmena visiter divers monuments. Il a dix-neuf ans et la surprise qu'il provoque ne lui échappe pas : « Mon arrivée à Rome y fit un grand effet. La diplomatie, le Sacré Collège en furent abasourdis. (...) Le duc de Lévis se rendit aussitôt chez le cardinal Lambruschini afin que le Pape n'apprît pas par le bruit public mon arrivée ; il lui expliqua que j'avais dû constater mon indépendance et que je demandais à voir le Pape comme un simple fidèle. Le Cardinal atterré lui répondit que le gouvernement romain était faible, petit, qu'il fallait attendre, et que cela viendrait. Il fit venir le gouverneur de Rome qu'il tança vertement en lui reprochant de ne pas savoir ce qui se passait dans les rues de la ville. »

Les chancelleries s'agitèrent. L'ambassadeur d'Autriche se posa en homme blessé, tandis que l'ambassadeur français, Latour-Maubourg, était furieux et menaçant. Henri V note avec une certaine ironie : « Les autres diplomates se tinrent tranquilles en disant que comme j'étais arrivé sans passeport, ils ne pouvaient pas savoir si c'était réellement moi. » Seul l'ambassadeur de Naples invita Henri V à prolonger son séjour plus au sud, ce qu'il accepta. Le pape lui fit proposer d'assister à la messe du jour de la Toussaint dans sa chapelle du Quirinal. Il prit place dans une tribune particulière qui se trouvait opportunément « au-dessus des bancs de la diplomatie, ce qui gêna plusieurs des personnes qui y étaient assises ».

Il n'était plus seulement question d'un voyage qui couronnerait la fin de ses humanités. Il ne pouvait non plus être déjà question d'honneurs officiels. La fiction du voyage d'études se poursuivit plus d'un mois, d'autant qu'elle avait l'avantage de justifier une présence prolongée :

« Voulant visiter Rome et l'étudier avec quelque fruit, je résolus d'y passer deux mois et je pris un logement au palais Conti, sur la place de la Minerve. » Le comte de Chambord visita en effet la ville avec une curiosité passionnée mais il se réservait également des moments pour l'étude ainsi que la réception des Français et des étrangers qui sollicitaient une audience. Enfin la visite des églises et couvents de la ville — au premier chef, ceux qui témoignent de la permanence d'une *nation* française dans la ville pontificale —, les offices religieux et les prières avaient une place éminente dans l'emploi de son temps.

L'ambassadeur de France ne mentionna nullement cet aspect spirituel d'un voyage qui s'apparentait parfois à un pèlerinage. Il en dénonça au contraire le caractère brutalement politique à ses yeux. Dès le 9 novembre, il écrivit en France au ministre pour lui représenter ses craintes fondées sur l'hypothèse d'un complot international.

« Le séjour du jeune prince à Rome paraît devoir être indéfiniment prolongé ; sa maison va s'ouvrir ; la sympathie chez les uns, la curiosité chez les autres, la rempliront très probablement de visiteurs, et là ne peut manquer de s'organiser un centre de pur légitimisme auquel viendront probablement se rallier en foule, des divers points de la France, ces adeptes nomades pour qui la facilité du voyage sera une séduction de plus.

« Les choses ainsi établies, la position devient à mes yeux toute nouvelle. Tant que l'on a pu croire qu'il ne s'agissait que d'une excursion momentanée, destinée uniquement à constater, comme on s'est plu à le dire, que le Duc de Bordeaux n'était le prisonnier de personne, tant que les apparences ont permis de penser que le jeune prince ne venait à Rome que pour couronner sa dernière année d'études classiques par un voyage d'instruction, j'ai pu me dire que nous n'avions pas à nous préoccuper de puériles bravades et d'un déplacement si innocemment motivé. Mais il n'en n'est plus ainsi aujourd'hui que, au lieu de conserver l'attitude modeste d'un écolier qui achève ses études, le comte de Chambord se pose en Prince, et semble vouloir grouper autour de lui des partisans qui soutiennent sa cause au-dedans comme au-dehors de l'Italie. »

Cet extrait publié en annexe au *Voyage en Italie* par le prince Sixte de Bourbon donne la mesure de l'irritation de l'ambassadeur qui désigne le jeune voyageur tantôt sous son titre de duc de Bordeaux, tantôt sous celui de comte de Chambord, lorsqu'il « se pose en Prince ». Cette irritation déplut, paraît-il, au roi Louis-Philippe.

L'ambassadeur sait que le gouvernement pontifical n'a pas l'intention de se prêter à des manœuvres hostiles à la France, mais il accuse dans le même temps sa police d'impéritie et d'impuissance. La grande question pour la France est d'obtenir que le duc de Bordeaux ne soit pas reçu par le Saint-Père ou, du moins, qu'il ne s'agisse que d'une visite d'adieu, bien entendu en simple particulier.

Quant au pape, « sa conscience pontificale se soulève contre cette exclusion qui frappe un jeune catholique éminent et proscrit », même si l'ambassadeur de France lui assure que les motifs qui conduisirent le jeune prince à demander une entrevue n'étaient pas religieux mais temporels.

Le 23 novembre enfin, un mois après son arrivée à Rome, le comte de Chambord est reçu par le pape Grégoire XVI, qui avait été élu en 1831 et atteignait alors près de quatre-vingts ans. C'était une manière de victoire remportée sur le gouvernement français, un mois toutefois après l'arrivée à Rome. Le comte de Chambord note sobrement : « Le Pape, après quelques hésitations, se décida à me voir et à me recevoir en Prince. (...) A cette nouvelle, M. de Latour-Maubourg se rendit chez le Pape pour s'y opposer. Mais Grégoire XVI se fâcha et fut très satisfait d'avoir montré de la force. »

Le pape vint à sa rencontre, la réception fut accompagnée de tous les honneurs réservés aux princes. Le ministre témoigne par une lettre du 10 décembre 1839 de la réaction de Louis-Philippe : « D'ailleurs, au point où en sont les choses, les récriminations seraient superflues et leur expression trop prononcée ne pourrait qu'ajouter au triomphe du parti de M. le Duc de Bordeaux. Il suffira que vous ne laissiez point ignorer, au Cardinal Secrétaire d'État et au Pape lui-même, l'impression que le Roi et son gouvernement ont ressentie d'un procédé qu'il leur eût certainement répugné de supposer. »

Cette épreuve de force entre le jeune héritier de la branche aînée des Bourbons et l'ambassadeur de France à propos d'une audience auprès du pape manifeste que la vie d'Henri V était déjà une vie publique. La satisfaction du prince et de son entourage justifie la présence du compte rendu de cette entrevue en tête du récit de voyage avant les autres événements — certes mineurs — de ce même mois de novembre.

Il paraît assuré que l'on attendit un peu avant de recevoir le jeune prince, qui écrit dans son journal : « Plusieurs personnes voulurent me donner des fêtes. C'est chez la comtesse Rzewuska que je vis pour la première fois la société romaine et plusieurs diplomates réunis pour une loterie. La comtesse d'Egloffstein, née Davidoff et mariée à un Prussien, me donna un bal charmant le 30 novembre... »

Par la suite, il fut reçu notamment chez le prince Torlonia et chez le prince Massimo, mais l'accueil le plus cordial et le plus empressé parut être celui de la noblesse polonaise, allemande, russe et anglaise.

Le jeune prince visita également des artistes, dont Tenerani, élève de Canova, Galli, élève de Thorwaldsen, et Over-beck, dont l'idée était de « prouver que tous les arts doivent remonter à Dieu ». Ce voyage à Rome préparé avec soin n'avait pas été conçu dans un but esthétique. En témoigne la réflexion d'Henri V devant les chefs-d'œuvre rassemblés dans la galerie de tableaux du palais Chigi. Choqué par la juxtaposition des sujets sacrés et profanes, il remarque :

« ... Toujours ce mélange italien qui place une Sainte Vierge à côté d'une Vénus, un crucifiement à côté d'un Bac-chus ivre. »

Le séjour à Rome ne pouvait pas être indéfiniment pro-longé : Henri V partit pour Naples, au début du mois de janvier 1840, rendre visite au roi Ferdinand II. Mais il avait déclaré qu'il reviendrait passer quelques jours dans la Ville éternelle « pour constater qu'il n'en avait pas été chassé ».

Le roi Ferdinand II était à la fois son oncle et le neveu de la reine Amélie, ce qui imposait des restrictions à sa liberté. Henri V est logé au palais de Chiatamone, mais par égard pour le roi de Naples, il s'abstient de recevoir. Le 25 janvier, il quitte Naples pour Rome avec plaisir et rencontre sur son chemin l'escorte que le pape avait envoyée à la frontière de ses États.

A Rome, le comte de Chambord prend congé du pape et fait ses adieux à la société française et romaine. « La veille de mon départ », écrit-il dans son *Voyage en Italie,* « le 4 février, le prince Doria me donna une fête magnifique. Au moment où j'entrai dans ces belles salles ornées de la galerie de tableaux et meublées à neuf, la musique joua l'air de *Vive Henri IV.* » Le lendemain, jour de son départ, il est escorté par une trentaine de Français dont l'un, Laget de Podio, « tenant son bâton comme une épée, entonnait des airs royalistes à gorge déployée ». Il regagne ensuite Goritz par Florence où il est reçu par le grand-duc de Toscane. C'est dans cette ville qu'il rencontra plusieurs artistes, dont Mlle Félicie de Fauveau, une Vendéenne, « dont le nom seul veut dire talent et fidélité ».

Dans les dernières lignes de son journal de voyage, Henri V évoque les difficultés rencontrées, mais souligne aussi la satisfaction qu'il a éprouvée à l'issue d'un voyage « nécessaire sous tous les rapports, pour m'instruire, me former, me faire connaître les hommes, et constater mon indépendance et ma liberté ». Le succès de l'entreprise sembla même dépasser les vues de l'entourage du prince, qui souffrait selon le comte de Falloux d'un « germe de timidité ». « Elle donne la clé, écrit-il, des défauts qui sont devenus plus tard des calamités publiques. » Voici l'extrait de ces *Mémoires d'un royaliste* qui donne la mesure du contraste entre la stratégie prêtée en toute bonne foi au duc de Lévis et sa prudence réelle :

« Tous les Français félicitèrent le duc de Lévis de l'initiative hardie qu'il avait conseillée au prince. On se réjouissait de ne plus le voir confiné dans les États autrichiens et du choix qu'il avait fait, pour ses débuts dans l'apprentissage de sa vie active, de la capitale la mieux placée pour voir et être vu. On conjecturait de là qu'un plan de voyages successifs allait se dérouler, et l'on y applaudissait à l'unanimité. La façon embarrassée dont le duc de Lévis accueillit ces félicitations donna promptement à penser que sa prévoyance était moins grande qu'on ne l'avait supposé tout d'abord. Il mit presque de l'affectation à répondre qu'au sortir de Rome, le prince retournerait en Autriche et y reprendrait son genre de vie ordinaire. »

Le duc de Lévis avait sans doute d'excellentes raisons pour ne pas laisser se publier un plan d'ensemble. L'alternance des études et des voyages qui fut maintenue en 1840 devait cependant être interrompue l'année suivante par l'accident de Kirchberg.

L'accident de Kirchberg

Au printemps 1840, le comte de Chambord partait visiter les États du nord de l'Autriche, la Bavière, la Saxe et la Prusse. La première étape importante fut le château de Brunnsee, la nouvelle demeure de la comtesse Lucchesi-Palli, sa mère. Entourée d'une petite société d'amis, elle tentait de recréer le décor des Tuileries ou de Rosny. Elle accompagna son fils à Graz où elle possédait encore un hôtel. Pendant ce voyage, le comte de Chambord visita le champ de bataille d'Austerlitz et revit Prague et le château du Hradschin. Il visita Augsbourg et séjourna longuement à Munich.

Cependant ce voyage fut interrompu par la tension diplomatique qui suivit le traité du 15 juillet 1840 signé entre l'Angleterre, la Russie, la Prusse et l'Autriche contre la France. En France, on évoquait la menace d'une guerre qui décida Henri V à revenir sur ses pas. Il aurait dit à Locmaria qui le rapporte dans ses *Souvenirs* : « Il suffit qu'on la croie possible en France pour que je m'abstienne de toute relation avec les puissances qui ont signé le traité du 15 juillet. Je rentrerai donc dans ma solitude, et j'y resterai jusqu'à ce que ces nuages factices soient complètement dissipés. »

Il quitta donc Munich le 7 octobre et, après une brève course en Suisse, revint auprès de sa famille. Pour les mêmes raisons, il remit un voyage à Londres projeté à la suite de ce grand voyage interrompu, et qui n'aura lieu qu'en 1843.

La fin de cette même année le revit à Venise. Il y invita Villaret de Joyeuse qui avait commandé le vaisseau amiral de la flotte d'Alger en 1830. « Venise, son arsenal, ses chantiers de construction, ses magasins, son vaisseau-école offraient au comte de Chambord d'utiles moyens d'étude.

La goélette qui lui était destinée était encore sur les chantiers, il put lui-même en surveiller l'armement : elle fut prête à appareiller le 17 février. Le petit voyage du prince dura trois semaines, qui lui permirent de visiter une partie des côtes de l'Adriatique. » Le comte de Locmaria, soucieux de montrer avec quelle méthode on complétait l'apprentissage d'Henri V au métier de roi, poursuit ainsi : « Après l'étude de la marine, celle de nos colonies, de leur législation, de leurs intérêts, devait nécessairement occuper le prince. » Le comte de Bouillé, ancien gouverneur du comte de Chambord, devait lui faire partager son expérience des affaires coloniales.

Au printemps 1841, le comte de Chambord se rendit à Kirchberg, après avoir visité Salzbourg et Linz. Le séjour de Kirchberg en été favoriserait les exercices et les promenades en compagnie de la petite société française des fidèles du prince.

Cette année-là fut marquée par le grave accident du 28 juillet. Le prince souhaitait se rendre à cheval de Kirchberg à la cristallerie de Schrems pour juger de l'avancement d'une commande destinée à sa sœur. Dans un chemin creux, accompagné de MM. de Foresta et de Locmaria, il rencontra une charrette tirée par des bœufs. Les animaux prirent peur et barrèrent le chemin. Le conducteur parvint à laisser un passage suffisant, mais les chevaux s'inquiétèrent à leur tour. Le cheval du comte de Chambord se cabra, se renversa et se releva enfin en prenant appui sur son cavalier qu'il blessa grièvement.

Ramené en calèche à Kirchberg, le comte de Chambord fut soigné par le docteur Bougon, puis par le meilleur chirurgien de Vienne, le docteur Watman, qui soumit le membre fracturé à une traction continue, fort douloureuse.

Lorsque le comte de Chambord fut suffisamment remis à l'automne, on quitta Kirchberg pour Vienne, où il descendit au palais Kinski et reçut de nombreuses visites. Henri de Pène cite sa lettre du 6 janvier au mathématicien Cauchy : « Je commence enfin à sortir de ma longue captivité et l'on me fait faire des exercices nécessaires pour rendre à ma jambe toute la liberté de ses mouvements et me mettre bientôt en état de marcher. Les chirurgiens sont contents, et, grâce à Dieu, j'ai maintenant la certitude que ma guérison sera complète. (...) Pendant les longues heures de mes souffrances, j'ai souvent pensé à mes amis, et c'est vous dire, mon cher Cauchy, que j'ai beaucoup pensé à vous. » La pose d'un nouvel appareil de traction, plus léger, devait en fait l'immobiliser à nouveau.

La France orléaniste avait exagéré à plaisir les dangers que cet accident avait fait courir à la vie d'Henri V : on annonça même son décès en septembre 1841, ce qui fit monter la rente. Un an après l'accident, ses adversaires se moquèrent d'une légère boiterie difficile à dissimuler.

En juillet 1842, le comte de Chambord se rendit à Toeplitz pour prendre les eaux. Il y apprit la mort de Ferdinand d'Orléans, survenue à Neuilly le 13 juillet. Le fils aîné de Louis-Philippe avait péri dans un accident de voiture. Le lendemain, le comte de Chambord était présent à la messe qu'il avait demandée à son intention. Dans une lettre au marquis de Pastoret datée du 28 juillet 1842 et citée par A. Nettement, Henri remarquait : « J'ai été plus favorablement traité l'année dernière, et j'en rends d'autant plus grâce à la Providence, que j'espère qu'elle ne m'a conservé la vie que pour la rendre un jour utile à mon pays. Quel que soit le cours des événements, ils me trouveront toujours prêt à me dévouer à la France et à me sacrifier pour elle. »

L'accident d'Henri V avait donné lieu à une composition suggérant cette intervention divine : elle montrait le cheval cabré et son cavalier à demi allongé, soutenu par un ange qui semblait avoir diminué la gravité de cette chute.

A Toeplitz, le comte de Chambord se promenait à pied et à cheval ; mais les bains chauds ne purent améliorer l'état de son genou, qui souffrait d'une ankylose résultant des traitements imposés à sa jambe.

En quittant Toeplitz, le comte de Chambord rendit visite au prince Victor de Rohan dans son immense domaine de Sichrow. On lui avait préparé une partie de chasse qui dura trois jours.

De Prague, Henri V gagna Dresde où il fut reçu par le roi Frédéric-Auguste II. Il visita les champs de bataille de Dresde et de Leipzig, puis traversa à nouveau les États d'Autriche en s'arrêtant chez la duchesse de Berry pour gagner Trieste. De là, il se dirigea vers Venise où il souhaitait passer l'hiver.

Au mois de septembre 1843, le comte de Chambord fut accueilli par le roi de Prusse, Frédéric-Guillaume IV, qui l'invita au palais de Sans-Souci et lui montra son armée. De Magdebourg, le 30 septembre, Henri V écrivit au vicomte de Chateaubriand :

« Après avoir mûrement réfléchi, je me suis décidé à aller en Angleterre. Sans doute, on peut faire des objections contre ce voyage, surtout dans le moment présent ; mais il m'a paru que je devais avant tout chercher à me rapprocher de la France, à entrer en relation avec les hommes qui peuvent le plus m'aider de leurs conseils et de leur influence. Je serai à Londres dans la première quinzaine de novembre, et je désire bien vivement qu'il vous soit possible de venir m'y rejoindre. Votre présence auprès de moi sera très utile, et expliquera mieux que toute autre chose, le but de mon voyage. Je serai heureux et fier de montrer auprès de moi un homme dont le nom est une des gloires de la France et qui l'a si noblement représentée dans le pays que je vais visiter. Venez donc, Monsieur le Vicomte, et croyez bien à toute ma reconnaissance... »

Le 4 octobre, le comte de Chambord s'embarquait à Hambourg avec ses compagnons : le duc de Lévis, le vicomte de Saint-Priest, le capitaine de vaisseau Villaret de Joyeuse et le général Vincent. Le 6 octobre, il arriva à Hull. Un voyage en Écosse devait précéder l'arrivée à Londres et donner le temps aux diplomaties française et anglaise de préciser leurs positions.

« *L'héritier des siècles* » à *Belgrave Square*

Comme il l'indiquait dans sa lettre à Chateaubriand, Henri V cherchait à se *rapprocher de la France* : cet objectif inquiéta le gouvernement de Juillet d'autant que le duc et la duchesse de Nemours comptaient se rendre également à Londres aux mêmes dates. Il fallait éviter l'embarras que causerait la coïncidence des visites du fils de Louis-Philippe et du petit-fils de Charles X. La reine Victoria ne souhaitait pas renoncer aux traditions de l'hospitalité britannique mais elle fit connaître son sentiment à lord Aberdeen, secrétaire d'État aux Affaires étrangères : « La reine regrette que le duc de Bordeaux vienne en Angleterre. (...) Et d'ailleurs elle craint, d'après ce que disent les journaux, que sa venue ne soit inspirée par aucun bon dessein. »

M. de Lévis, six mois avant le voyage, avait reçu l'assurance qu'il suffirait, pour entrer en Angleterre, d'un passeport autrichien visé par l'ambassade britannique. Restait à s'accorder sur les dates du séjour. Pierre de Luz résume la savante complexité des règles de la communication. On se décide à Windsor et aux Tuileries, mais on consulte ailleurs : « Dès lors s'engage entre la reine Victoria, Louis-Philippe, Léopold Ier de Saxe-Cobourg, oncle et confident de Victoria Ire et sa femme, la reine Louise, fille de Louis-Philippe, une correspondance qui se poursuit parallèlement à des négociations officieuses entre la cour de Windsor et l'entourage d'Henri V. De Paris, par Bruxelles, on exerce un petit chantage sur Londres ; on menace doucement la reine de ne pas lui envoyer " les Nemours " qu'elle tient beaucoup à recevoir, si elle n'éloigne pas " Bordeaux ", ou si, du moins, elle ne refuse pas très ostensiblement de le recevoir et de le faire recevoir par des personnages officiels. De son côté, la reine Victoria communique, par personnages interposés, avec Henri et Lévis, et fait savoir au prince que, s'il veut bien attendre, pour arriver à Londres, le départ de Nemours, la reine se trouvera absente de Londres pendant le séjour du comte de Chambord, ce qui atténuera très sensiblement le fait désagréable du refus d'audience. »

Le 31 octobre, la reine Victoria écrivit à nouveau en Belgique pour confirmer que « Bordeaux n'avait pas l'intention de visiter Londres avant que les journaux lui aient appris que les Nemours sont partis ».

De fait, Henri avait gagné l'Écosse. Du 10 au 24 octobre, il séjourna à l'hôtel Royal d'Édimbourg. Il eut alors l'occasion de revoir le vieux palais d'Holyrood, comme il eut, peu après, l'occasion de revoir Lullworth. Il eut surtout le moyen de s'instruire, tout au long de son périple d'Édimbourg à Londres, des progrès de l'agriculture, de l'industrie et du commerce. Il rencontra ainsi « les savants dans leurs académies, les grands seigneurs dans leurs châteaux, les industriels dans leurs fabriques et dans leurs mines, rectifiant par l'étude des faits l'étude des livres, aimant à voir les hommes et à en être vu ».

Il est reçu avec égards en de nombreux endroits. Une fête lui fut sans doute particulièrement agréable. Le 4 novembre, il est accueilli pour une semaine à Alton Towers par le duc et la duchesse de Shrewsbury qu'il avait connus à Rome en 1839. Dans le château illuminé pour sa venue, un orchestre à son arrivée joue *Vive Henri IV* et plus tard d'autres airs dont *La cocarde blanche*. Il retrouva ses amis Berryer, Pastoret, et la duchesse de Lévis qui arrivait de Londres où elle avait préparé la maison louée pour le prince.

Le 19 novembre, le comte de Chambord envoie une nouvelle lettre à Chateaubriand : « Craignant, Monsieur le Vicomte, que vous ne soyez à Londres avant moi, je veux

du moins que vous trouviez dans ces lignes, dès votre arrivée, l'expression de toute ma reconnaissance pour la nouvelle preuve de fidélité et de dévouement que vous me don-
nez en venant, dans cette saison avancée, et sans craindre
aucun obstacle, me chercher sur la terre étrangère. (...) Je
désire que vous acceptiez la modeste hospitalité qui vous
sera offerte de ma part, afin que je puisse avoir la satisfaction de vous trouver chez moi à mon arrivée. »

En France, on avait bien tenté de retenir Chateaubriand,
mais il était parti retrouver Londres et les convictions de
toute sa vie :

« Cet orphelin vient de m'appeler à Londres, j'ai obéi à la
lettre close du malheur. Henri m'a donné l'hospitalité dans
une terre qui fuit sous ses pas. J'ai revu cette ville témoin de
mes rapides grandeurs et de mes misères interminables, ces
places remplies de brouillards et de silence, où émergèrent
les fantômes de ma jeunesse. Que de temps déjà écoulé
depuis les jours où je rêvais *René* dans Kensington jusqu'à
ces dernières heures ! Le vieux banni s'est trouvé chargé de
montrer à l'orphelin une ville que mes yeux peuvent à
peine reconnaître » *(Vie de Rancé)*.

Le 25 novembre, le duc et la duchesse de Nemours quit-
tent Londres, suivis de peu par la reine Victoria. Au soir du
27, le duc de Bordeaux arrive enfin au 35, Belgrave Square.
Chateaubriand, qui a plus de soixante-quinze ans, s'avance
au-devant de lui.

L'hôtel particulier loué pour Henri V est situé sur une
place carrée dans West End, le quartier élégant de Londres.
L'intérieur est meublé sans aucun luxe, mais la maison est
ouverte à tous : ni cour, ni courtisans, ni sentinelles. Chateaubriand est pauvrement logé au rez-de-chaussée, mais il
est, selon sa propre formule, chez l'*héritier des siècles* : « Cet
héritier se plaisait à me donner l'hospitalité dans les lieux
où je l'avais longtemps attendu. Il se cachait derrière moi
comme le soleil derrière des ruines. Ce paravent déchiré qui

me servait d'abri me semblait plus magnifique que les lambris de Versailles. Henri était mon dernier garde-malade. »

Chaque matin, Henri V descend saluer son hôte qui, en raison de son âge, se déplace avec difficulté : « Quand l'orphelin entrait, j'essayais de me lever ; je ne pouvais lui prouver autrement ma reconnaissance. A mon âge, on n'a plus que les impuissances de la vie. Henri a rendu sacrées mes misères ; tout dépouillé qu'il est, il n'est pas sans autorité : chaque matin, je voyais une Anglaise passer le long de ma fenêtre ; elle s'arrêtait, elle fondait en larmes sitôt qu'elle avait aperçu le jeune Bourbon : quel roi sur le trône aurait eu la puissance de faire couler de pareilles larmes ? Tels sont les sujets inconnus que donne l'adversité. »

Au lendemain de l'arrivée d'Henri V, une foule de fidèles envahit Belgrave Square : des nobles, des prêtres, des journalistes, des délégations d'ouvriers et de paysans groupés par province, et enfin, des industriels et des petits commerçants. En un mot, une petite France était accourue et attendait de voir l'exilé.

Henri avait vingt-trois ans. Les médailles et les portraits des années 1842-1843 conservent la mémoire de ses traits. Le graveur Gayrard, qui avait exécuté une des médailles de la naissance, celle dite de Saint-Michel, était venu à Prague en 1842. Henri de France est représenté tête nue, de profil à droite. Il porte un collier de barbe et les cheveux retombent sur les oreilles, suivant la mode de l'époque. Ce coin fut souvent remis en service notamment lors du mariage d'Henri V en 1846 et servit de portrait officiel pendant de nombreuses années encore, selon Henry Bauquier.

Le portrait au pastel de Johann Ender dont se sont inspirés plusieurs graveurs et lithographes le montre en habit à larges revers, très cintré à la taille, la cravate sombre enroulée plusieurs fois sous le col.

Pendant quelques semaines, le prince consacra une partie de ses journées à accueillir les Français qui avaient fait le voyage, bientôt appelé pèlerinage. Si les royalistes étaient présents, il semble que d'autres pèlerins ou curieux se soient également présentés. Alfred Nettement rapporte une réflexion du comte de Chambord devant qui l'on hésitait à introduire un « honnête homme, professant une opinion hostile à la Royauté ». Il aurait ordonné : « Puisqu'il est français, amenez-le. Je veux entendre tous les Français, je veux connaître la pensée de tous : la vérité est à ce prix. »

Il s'agissait bien de connaître les pensées, et non de conspirer. Après avoir fêté Noël, Henri V fit un court déplacement hors de Londres consacré à l'examen de l'organisation navale anglaise.

Le lendemain de son retour, il reçut de mauvaises nouvelles de la santé de son oncle. Le 13 janvier, il reprit la direction de Goritz.

En France, le gouvernement de Guizot donnait une publicité inattendue à ce voyage. Henri V s'en félicita un peu : « Mes adversaires se sont laissé égarer par une préoccupation qui ne leur a pas permis de voir qu'en s'inquiétant vivement d'un simple voyage, ils proclamaient eux-mêmes, devant le monde entier, l'importance de mon avenir » (lettre du 19 février 1844 au comte de Villèle).

Le comte Duchâtel, ministre de l'Intérieur dans le gouvernement Guizot, avait fait parvenir aux préfets la circulaire du 30 décembre 1843 :

« On a simulé à l'hôtel de Belgrave Square une représentation de la France entière, un pair, des députés, quelques maires ont pris part à cette manifestation au mépris de leurs serments. » Non seulement les fonctionnaires et les officiers, mais les parlementaires devaient en effet prêter serment au Souverain et à la Constitution. Cette circulaire laissait attendre des sanctions. Elle incitait à la vigilance : « Il y a conspiration contre la sûreté de l'État ; le duc de Bordeaux et sa petite cour ont donné à tous les visiteurs les instructions nécessaires pour s'organiser et étendre leur influence, pour faire connaître le prince autour d'eux, préparer, en un mot, pour une époque favorable, une troisième Restauration. » Tout en faisant remarquer qu'il n'y avait pas de danger immédiat (« la jactance et l'impuissance sont toujours les deux principaux caractères de l'émigration »), la circulaire provoqua un certain émoi. Elle fut suivie de mesures brutales : on révoqua des maires légitimistes, on condamna des journaux, *La Gazette de France, La Quotidienne, La Mode* d'Édouard Walsh et *L'Opinion publique* de Nettement et Saint-Priest. Enfin, on inquiéta certains pèlerins de Belgrave Square, dont le juge Fontaine.

A cet homme, menacé de mesures disciplinaires, le comte de Chambord écrivit : « Les hommes qui se sont faits mes ennemis cherchent à calomnier mes sentiments et les motifs honorables qui ont porté tant de Français à venir vers moi. Mais heureusement, les mille témoins qui m'ont vu à Londres peuvent attester qu'il n'y a été question que du bonheur de notre commune patrie. »

Le 26 janvier 1844, tandis que le comte de Chambord arrivait à Goritz, on débattait à la Chambre de la « flétrissure » des députés qui avaient fait le voyage de Londres.

Après de mémorables débats, les cinq flétris avaient démissionné. Le 2 mars, ils étaient réélus par des légitimistes, mais aussi, de façon inattendue, par des républicains qui entendaient protester contre la politique de Guizot. Le comte de Chambord, dans sa lettre de félicitations, prit argument de ce fait pour y voir un motif d'espérance :

« A MM. les Députés Berryer, Blin de Bourdon,
de Larcy, de La Rochejaquelein, de Valmy

« (...) Je suis heureux et reconnaissant que les électeurs des villes de Marseille, Toulouse, Montpellier, Doullens et Ploërmel, aient fait si bonne justice des calomnies que l'on voulait accréditer sur mon voyage en Angleterre et sur votre présence à Londres. Tous ceux qui me connaissent savent qu'il n'y a dans mon cœur, et qu'il n'est jamais sorti de ma bouche, que des vœux pour le bonheur de la France.

« Le sentiment de générosité qui a porté les hommes honorables qui ne partagent pas encore nos convictions à se rapprocher de nous dans cette circonstance, doit nous donner espoir qu'un jour viendra, jour heureux de conciliation, où tous les hommes sincères de tous les partis, de toutes les opinions, abjurant leurs trop longues divisions, se réuniront de bonne foi sur le terrain des principes monarchiques et des libertés nationales pour servir et défendre notre commune patrie. »

Ce voyage à Londres, s'il permit au comte de Chambord de rencontrer des Français, eut surtout l'immense avantage de le faire connaître. La diffusion d'une figure pacifique fut assurée par la publication de multiples opuscules de propagande.

Il nia s'être constitué prétendant à Londres, comme il se défendit lorsqu'on l'accusa de vouloir troubler l'ordre public. Chateaubriand, dans sa réponse à Henri V du 5 décembre, avait noté cette volonté de ne pas nuire : « Vous, innocent de tout, à qui l'on ne peut rien opposer que d'être descendu de la race de Saint Louis, seriez-vous donc le seul malheureux parmi la jeunesse qui tourne les yeux vers vous ? »

Dans une lettre au baron Hyde de Neuville du 4 février 1844, le comte de Chambord confirme sa volonté de ne pas troubler l'ordre avec la simplicité de ton de ses manifestations ultérieures : « Je regarde les droits que je tiens de ma naissance comme appartenant à la France, et bien loin qu'ils puissent devenir, dans un intérêt personnel, une occasion de troubles ou de malheurs pour elle, je ne veux jamais remettre le pied en France que lorsque ma présence sera utile à son bonheur et à sa gloire. »

La mort du comte de Marnes

Louis-Antoine d'Angoulême qui ne portait dans l'exil que le titre de comte de Marnes, était devenu chef de famille à la mort de Charles X. Il avait choisi, depuis son abdication à Rambouillet en 1830, de s'effacer complètement, connaissant les préventions qu'on avait contre lui. Il avait borné son rôle à élever et à protéger les enfants de son frère, le duc de Berry. Comme la duchesse d'Angoulême, il s'était acquitté de cette mission avec discrétion et constance, mais aussi avec une mélancolie extrême.

Depuis de longs mois, il souffrait et sa maladie empirait. Le retour d'Henri, fin janvier, avait coïncidé avec un répit. Puis, voyant s'accentuer ses souffrances, il demanda les derniers sacrements le 21 février, mercredi des Cendres. Cependant, le cancer dont il souffrait ne l'emporta que trois mois plus tard.

Le dimanche 2 juin, on rapporte qu'il voulut entendre le *Sermon sur la mort* de Bourdaloue. Il demanda qu'on lui lise des nouvelles de France dans les journaux qu'il ne pouvait plus lire lui-même. Il expira une heure plus tard.

Ses obsèques eurent lieu à Goritz comme celles de Charles X. « L'étiquette de ces funérailles exilées était ainsi fixée, elle fut suivie ; le caveau funèbre était marqué, il reçut le cercueil du fils à côté de celui du père. »

Les habitants de Goritz, qui avaient eu des preuves de sa libéralité, firent l'éloge de ce modèle de bienfaisance et de piété.

Le comte de Chambord qui ne parlait de son oncle qu'en lui donnant le titre de roi (il aurait pu régner sous le nom de Louis XIX), devenait dès lors le chef de la maison de France. Son premier acte fut cette notification adressée aux cours européennes, et publiée par la presse : « Devenu, par la mort de M. le comte de Marnes, chef de la maison de Bourbon, je regarde comme un devoir de protester contre le changement qui a été introduit en France dans l'ordre légitime de succession à la couronne, et de déclarer que je ne renoncerai jamais aux droits que, d'après les anciennes lois françaises, je tiens de ma naissance. Ces droits sont liés à de grands devoirs, qu'avec la grâce de Dieu je saurai remplir ; toutefois, je ne veux les exercer que lorsque, dans ma conviction, la Providence m'appellera à être véritablement utile à la France. Jusqu'à cette époque, mon intention est de ne prendre, dans l'exil où je suis forcé de vivre, que le nom de comte de Chambord : c'est celui que j'ai adopté en sortant de France ; je désire le conserver dans mes relations avec les cours. »

Les dernières lignes reviennent définitivement sur le nom qu'il s'est choisi ; et surtout, elles précisent qu'il appréciera lui-même (« dans ma conviction ») le moment qui pourrait être marqué par la Providence.

Le mariage en 1846

Au printemps 1845, le comte de Chambord quittait le palais Strassoldo, à Goritz, pour venir habiter le château de Frohsdorf en compagnie de sa tante, la comtesse de Marnes, et de sa sœur. Il habitera ce château jusqu'à sa mort, près de quarante ans plus tard.

Frohsdorf avait été acheté par le duc de Blacas peu avant sa mort en 1839 et légué par lui à la comtesse de Marnes. Le domaine, situé à cinquante kilomètres de Vienne, n'était qu'à huit kilomètres de Wiener-Neustadt, siège d'une Académie militaire et qui possédait une gare de chemin de fer.

La façade d'entrée, au nord, est austère. Le corps central, en légère saillie, est couronné d'un fronton qui portera les armes de France. Au centre du bâtiment, encadrée par deux entrées latérales, la porte cochère donnait accès à une cour intérieure. La façade sud donnait sur des jardins à la française auxquels on descendait par un perron. Ce grand château comportait de très nombreux appartements.

Six mois après l'installation à Frohsdorf, Louise épousa, le 10 novembre 1845, le duc Ferdinand Charles de Bourbon-Parme, en présence de la duchesse de Berry, d'une partie de la cour de Vienne et des princes des maisons de Lorraine, de Parme et de Modène. La princesse avait fait envoyer des dons aux pauvres de Paris.

L'établissement d'Henri avait fait l'objet de démarches de la duchesse de Berry puis de la comtesse de Marnes bientôt associée à l'impératrice d'Autriche. On avait notamment évoqué la possibilité d'un mariage avec la princesse Élisabeth, nièce du tsar Nicolas Ier, rencontrée avant son voyage en Angleterre et qui mourut, en 1845, à dix-neuf ans. Des motifs politiques et religieux avaient contribué à écarter ce choix. Le jeune comte de Chambord avait remarqué la fille cadette du duc de Modène, l'archiduchesse Marie-Béatrice, mais celle-ci fit savoir à son père, François IV, qu'elle ne souhaitait s'unir qu'à l'infant don Juan, un autre Bourbon.

Curieusement, la duchesse d'Angoulême et l'impératrice d'Autriche persuadèrent alors Henri d'épouser la sœur aînée de Marie-Béatrice, la princesse Marie-Thérèse. Le duc de Modène avait pour mérite, aux yeux de la famille royale, de ne pas reconnaître le roi Louis-Philippe. Marie-Caroline de Berry se souvenait aussi de l'asile qu'il lui avait accordé à Massa pour préparer son expédition dans le Midi et en Vendée. La déraison inflexible de son gouvernement était connue de toute l'Europe, qui savait aussi l'emprise que Metternich avait gardée sur ce chétif seigneur. Il mourut en 1846. Le duc de Lévis demanda au frère de ces princesses, devenu François V, la main de Marie-Thérèse Béatrice Gaétane d'Este-Modène, au nom du comte de Chambord, le 5 novembre, et elle lui fut accordée.

Deux jours plus tard, le mariage avait lieu par procuration. Le 9, Marie-Thérèse quittait Modène. Elle rencontra le comte de Chambord à Brück près de Leoben. Ils y reçurent la bénédiction nuptiale de l'abbé Trébuquet, aumônier de l'exil, le 16 novembre.

Le choix de ce bourg obscur avait semble-t-il été imposé par Metternich qui souhaitait éviter un rassemblement royaliste à Frohsdorf. Son éloignement causa quelques embarras : il faisait bien froid, la cérémonie dura une heure, le train s'arrêta entre deux gares le temps de changer une locomotive tombée en panne, et enfin à l'arrivée, les cochers eurent toutes les peines du monde à conduire l'ascension des voitures jusqu'au château.

Le prince de Faucigny-Lucinge, mari d'une demi-sœur d'Henri V, raconte ainsi la fin de cette journée :

« Il faisait donc nuit noire et profonde lors de notre arrivée à Frohsdorf. Les arcs de verdure auraient pu passer complètement inaperçus s'ils n'avaient été entourés d'hommes armés de torches et si l'on n'avait aussi improvisé une petite illumination à l'aide de torches et de lanternes accrochées dans ces arcs de triomphe, aux branches des arbres à l'entrée du parc, et artistiquement disposées devant l'entrée.

« L'arrivée en plein jour eût été certes plus gaie, plus solennelle et eût davantage aussi réjoui les braves villageois, mais telle qu'elle se produisait dans les circonstances présentes, elle était cependant fort convenable à tous les points de vue et ne manquait ni de pittoresque, ni d'originalité. Il me parut du reste que tout le monde semblait satisfait. »

Au dîner, la comtesse de Marnes toujours tristement vêtue de noir portait une robe grise, un diadème accompagné de plumes et un collier de perles énormes qui avait appartenu à sa mère Marie-Antoinette.

« ... il avait été décidé qu'on déploierait dans les toilettes un peu plus d'apparat que d'habitude. Quant au dîner lui-même, il fut, comme toujours, servi par les hommes de service portant la livrée du roi, blanche, bleue et argent, et, dans la belle vaisselle plate du prince, et, je crois, fut expédié à peu près avec la même rapidité que d'ordinaire.

« Cependant, le repas fut en revanche plein de gaieté, d'animation et d'entrain. La reine prenait elle-même une part active à la conversation, et riait, me semble-t-il, avec plaisir. Quant au temps passé au salon, et qui fut fort gaiement employé aussi et avec non moins d'animation, il fut signalé par ce fait absolument insolite qu'aucun ouvrage de tapisserie ou autre ne fut entrepris. »

Dès le lendemain du mariage, de nombreux archiducs et archiduchesses et les impératrices mère et régnante arrivaient de Vienne pour féliciter les nouveaux époux.

La comtesse de Chambord n'avait pas la beauté de sa sœur. Le comte de Falloux, dans ses *Mémoires d'un royaliste,* en fait un portrait mesuré : « Madame la comtesse de Chambord était grande et d'un aspect distingué. Sa physionomie respirait la bienveillance mais aussi la mélancolie. On eût dit qu'elle était sous l'empire de sombres pressentiments et qu'elle se sentait embarrassée, vis-à-vis des Français, de n'avoir pas fortifié le trône par ses appuis naturels. » A sa naissance, un accident avait déformé un côté de son visage. Cette asymétrie était généralement dissimulée dans les portraits par une pose de trois quarts.

En société, une surdité qui s'accentua avec l'âge, ajoutée à la connaissance imparfaite du français, l'empêchait de prendre part aux conversations. Elle vécut dans l'ombre du comte de Chambord avec une parfaite discrétion.

Sa stérilité lui donna une occasion supplémentaire de tristesse. La comtesse de La Ferronnays rapporta dans ses *Souvenirs* une réflexion de la comtesse de Chambord : « Dans une de ses conversations intimes, elle me répéta cette phrase qui revenait souvent sur ses lèvres : " Plus on est royaliste, plus on doit souhaiter ma mort, puisque je n'ai pas d'enfants. " J'y répondis par cette banale consolation : " Madame en aura quand elle sera aux Tuileries. " Avec un mouvement que je n'oublierai jamais, elle saisit mes deux mains et, plongeant ses yeux dans les miens : " Ma chère, croyez-vous ce que vous dites, ou est-ce seulement pour m'être agréable ? " »

Sa patience et sa résignation pendant toute la vie du comte de Chambord laisseront place lors de sa mort à l'énergique volonté d'écarter de la succession la branche cadette des Orléans. La réconciliation du 5 août 1873 avait cependant paru régler le problème dynastique.

Pendant l'année 1847, le comte de Chambord se montra peu et organisa sa vie selon une étiquette assez stricte. Il travaillait beaucoup et facilement. Il lisait. Il écrivait, dit-on, avec des plumes d'oie qu'il taillait lui-même.

L'emploi du temps de ses journées fut fixé une fois pour toutes : messe basse à 10 heures, déjeuner à 11 heures, dîner à 7 heures suivi de conversation.

Les repas sont copieux : l'appétit du prince est excellent. La table est élégamment mise : comme aux Tuileries, les plats défilent, couverts de cloches d'argent portant la mention « Bouche du roi », et une partie de la vaisselle vient de Versailles.

La maison est pleine de souvenirs ; outre des portraits, des bustes, une vitrine expose pieusement les reliques d'un musée bourbonien : souliers du sacre de Louis XIV, chemise échancrée de Louis XVI, et le panache *noir* d'Henri IV.

Ailleurs, dans le salon des Oiseaux, les trophées de chasse rappellent la passion du maître des lieux, passion léguée par Charles X. Le domaine de Frohsdorf n'y suffisait plus : le comte de Chambord louait des milliers d'hectares dans le voisinage. L'on tuait vingt-cinq mille pièces par an, perdreaux, lièvres, chevreuils, daims, cerfs, canards.

A Mariazell, le comte de Chambord avait fait édifier un chalet où il résidait lors des chasses de printemps. A l'automne, il chassait le chamois près du village de Weichselboden.

Il disposait aussi des terres de deux châteaux, Ebenzweir et Puchheim, légués à la comtesse de Chambord par son oncle, l'archiduc Maximilien. Ces domaines étaient proches de Gmunden, ville située à une soixantaine de kilomètres de Salzbourg.

Cette passion de la chasse ne pouvait retenir le comte de Chambord toute l'année à Frohsdorf. Il acheta peu de temps après son mariage le palais Cavalli à Venise. Jusqu'alors, il s'établissait à l'hôtel Danieli.

La duchesse de Berry possédait depuis 1844 le palais Vendramin-Calergi, également situé sur la rive gauche du Grand Canal, mais à proximité du Rialto. Dans ce superbe *palazzo* lombard du début du XVIᵉ siècle, s'installa plus tard le musicien Richard Wagner, qui y mourut le 13 février 1883.

Le palais Cavalli, situé en face de l'Accademia, avait été la propriété de l'archiduc Frédéric d'Autriche qui y avait reçu le comte de Chambord avant d'y mourir en 1836. Le comte de Chambord vint séjourner à Venise, l'hiver surtout, jusqu'en 1866.

Une gravure d'Eugène Grandsire montre l'état de ce palais avant la destruction de la maison voisine, que le comte de Chambord fit remplacer par un jardin. Vers 1896, le palais Cavalli, devenu la propriété du baron Franchetti en 1877, fut entièrement restauré.

Cette magnifique demeure médiocrement meublée contenait de vastes salles de réception et de nombreux appartements. Le comte de Chambord y recevait ses amis venus s'entretenir des affaires françaises : il y apprit les événements de février 1848.

IV

Les projets de restauration sous la Seconde République

1848 à Venise

Le comte de Chambord, qui aimait passer ses hivers à Venise, s'y trouvait en février 1848. Nous savons que le prince de Faucigny-Lucinge avait rejoint dans cette ville la famille royale : « Il y avait juste un an que j'avais quitté Monseigneur et la comtesse de Chambord, un mois à peine après leur mariage, et je fus bien satisfait de constater combien ils avaient tous deux l'air d'être heureux et contents. La princesse surtout paraissait radieuse. Elle était gaie, confiante, et causant aimablement avec tous ceux qui vivaient près d'elle, cherchant toujours à leur dire quelque chose de gracieux. Or, l'année précédente, la bonne princesse m'avait semblé un peu timide, presque gauche même par instants. »

La vie apparaissait jusque-là douce et facile à Venise. Cependant l'année 1847 avait été fertile en agitation et celle-ci s'amplifia en janvier et en février 1848 dans presque toute l'Europe. Deux souverains italiens accordèrent une constitution et, aussitôt, « toute la mosaïque d'États italiens, royaumes, principautés et duchés entrèrent en complète ébullition.

« Mais si sérieux et si graves que fussent ces événements, ils l'étaient bien peu en comparaison de ceux qui s'accomplissaient en ce même moment à Paris, et avaient pour conséquence le renversement de la monarchie de Juillet et un changement complet de forme de gouvernement.

« Ce fut le 22 février, en effet, qu'éclatèrent les premiers troubles qui dégénérèrent promptement en sédition à main armée, en barricades et en batailles qui amenèrent la chute de Louis-Philippe et la constitution d'un gouvernement provisoire, et le 28, la proclamation de la république. C'est ainsi qu'à la suite d'une révolution et de batailles dans les rues, tomba ce triste roi ». Le prince de Faucigny-Lucinge donne aussi le sentiment du comte de Chambord à l'annonce de la fin du règne de son oncle :

« Quand ces importantes nouvelles parvinrent à Venise, Monseigneur, en les apprenant fut très vivement impressionné. Cependant, le prince ne s'occupait que de la France, ne s'inquiétait que d'elle, et ne se préoccupait que de son avenir. En aucune circonstance il ne prononça jamais une seule fois le nom de Louis-Philippe pour témoigner sa satisfaction de la juste punition que venait d'éprouver ce parent.

« Il n'est pas possible, je crois, que Monseigneur n'en fût au fond ravi, et n'estimât que cette punition était bien méritée. Mais par convenance, par dignité et par respect pour lui-même, il garda toujours ses impressions en son for intérieur, et je suis convaincu que si quelque maladroit s'était en sa présence et en public, permis de dire franchement ce qu'il pensait de Louis-Philippe, le prince l'aurait tranquillement remis à sa place et ne l'aurait pas laissé continuer à manifester ainsi son opinion. Il y avait là une grande noblesse et une vraie dignité de sa part. »

La mère du comte de Chambord manifestait, pour sa part, une joie sans réserve : elle « ne cherchait en aucune façon à dissimuler l'intime satisfaction qu'elle éprouvait de voir punis comme ils le méritaient Louis-Philippe, mais surtout sa femme, que Madame appelait toujours son affreuse tante ».

Un moment, le prince de Faucigny-Lucinge espéra que le comte de Chambord allait quitter Venise pour se rapprocher de la frontière française comme il semblait en avoir l'intention :

« Au palais Cavalli, depuis la révolution qui avait éclaté à Paris, régnait une vive animation : les courriers, porteurs de dépêches, se succédaient rapidement et plusieurs des membres les plus influents des comités royalistes étaient venus aussi conférer avec le prince.

« Le prince agirait-il bientôt ? j'espérais bien que l'on en viendrait là. Un jour, j'eus une lueur d'espoir et fus, un court moment, bien heureux...

« Monseigneur avait fait venir quelques chevaux de selle à Mestre ou à Fusine, et quand il était occupé, ou fatigué par le travail, ce qui était absolument le cas en ce moment, il en profitait souvent pour faire une promenade qui le délassait, ou en tout cas, lui procurait un peu de distraction. Quelquefois, il voulait bien m'emmener avec lui, et c'est ainsi qu'un jour, le 2 mars si ma mémoire est fidèle, il fut assez bon pour m'annoncer après dîner que le lendemain il irait à Fusine et me donnait rendez-vous au palais Cavalli pour partir avec lui. J'étais exact au rendez-vous, et, vers les neuf heures, seul avec le prince, je montais en gondole et nous nous dirigions vers la terre ferme. Monseigneur me parut particulièrement gai et excité ce jour-là. Peut-être avait-il reçu quelques bonnes nouvelles ou bien avait-il pris quelque résolution importante, je ne sais, mais ce qu'il y a de sûr, c'est qu'il était très en train, très causeur, et que pour la première fois, devant moi du moins, depuis les événements récents qui venaient de s'accomplir à Paris, il mit la conversation sur ce sujet et raconta quelques détails intéressants qu'il venait d'apprendre. Il en vint même à dire que, bien que ses plus sages conseillers l'en dissuadassent fort, estimant que ce serait trop prématuré en ce moment, il se pourrait fort bien qu'il se décide à partir brusquement et sans en parler à l'avance, pour la frontière de France.

« J'étais dans le ravissement de l'entendre ainsi parler, et j'allais le supplier, le cas échéant, de ne me point oublier et de me donner quelque chose à faire qui pût me mettre à même de lui prouver mon dévouement, lorsque, se tournant vers moi, il ajouta, parlant fort sérieusement :

« — Que dirais-tu si c'était aujourd'hui que nous partions tous deux ensemble ? »

Le narrateur de cette scène accepta avec enthousiasme sans percevoir qu'il ne s'agissait que d'une hypothèse. Le comte de Chambord venait de mettre à l'épreuve son interlocuteur en lui faisant part de ce projet tout personnel, fort plausible, dont nulle autre trace ne nous est conservée. Il voulait aussi fournir la preuve qu'il était constamment suivi : « La police de Venise à moins que ce ne fût quelque émissaire français, se méfiant de ce qu'il pourrait faire, le surveillait de si près, qu'il ne faisait point un pas sans être épié et suivi, et qu'il était bien convaincu qu'en ce moment même il devait avoir une gondole à ses trousses, renfermant un sbire quelconque chargé de ne le point perdre de vue, et dans le fait, quand on mit pied à terre, nous pûmes voir une gondole qui avait suivi la nôtre, et d'où sortit un homme qui disparut aussitôt dans une des maisons qui s'élevaient là. (...) Nous n'étions pas depuis un quart d'heure en selle qu'en nous retournant nous pûmes apercevoir un cavalier qui avait l'air de nous accompagner de loin.

« — C'est bien ainsi que je le pensais, dit le prince, mais nous allons en avoir le cœur net, le mettre à l'épreuve et voir si son cheval est en état de suivre les nôtres. Allons, piquons ! »

Les cavaliers réussirent à semer en route l'espion qui ne les retrouva que lorsqu'ils remontèrent en gondole. Le compagnon du comte de Chambord regretta en son for intérieur d'avoir ainsi manqué l'occasion d'une belle course héroïque jusqu'en France.

A Venise, comme ailleurs, le gouvernement impérial autrichien était menacé. Le 18 mars, sur la place Saint-Marc, on hissa un grand pavillon tricolore aux couleurs italiennes, rouge, blanc et vert ; le comte de Chambord, qui était parmi les spectateurs, vit un émeutier, à ses côtés, tomber sous une balle. La révolte rendit les Vénitiens maîtres de la ville et Daniele Manin sortit enfin de la prison où l'avaient jeté les Autrichiens au mois de janvier.

Le 23 mars, ce patriote proclama la république. « Manin, le nouveau maître de Venise, désirant avant tout que les troupes autrichiennes évacuassent Venise, se montra aussi conciliant que possible, et l'on tomba enfin d'accord aux conditions suivantes : les troupes mettraient bas les armes, mais ne seraient point considérées comme prisonnières, et resteraient consignées dans leurs quartiers. »

Cette solution pacifique était satisfaisante pour les étrangers à Venise. « Cependant, poursuit le prince de Faucigny-Lucinge, le départ de Venise fut décidé au plus tôt. Il était pour cela nécessaire de s'entendre avec le chef du nouveau gouvernement, afin d'obtenir de lui des laissez-passer pour Monseigneur, la comtesse de Chambord, la duchesse de Berry, les enfants et les personnes de la suite des princes, qui désiraient partir par mer, et des sauf-conduits pour les serviteurs, tout le train de maison, les bagages et les chevaux qui devaient regagner par terre les frontières autrichiennes et traverser le Frioul qui, disait-on, était en pleine insurrection.

« Le lendemain, le comte Lucchesi, qui était chargé de la négociation, devait donc, dans l'après-midi, chercher à voir Manin et s'entendre avec lui sur ces différents points. Il eut l'amabilité de me proposer de l'accompagner. (...)

« Manin nous accorda tout ce que nous demandions, mais ne dissimula pas son chagrin en apprenant l'intention de nos princes de quitter Venise. Il craignait qu'il n'y eût là, de leur part, un témoignage du peu de confiance que leur inspirait l'état actuel des choses à Venise, et cette pensée lui causait une peine profonde. Ils n'avaient, disait-il, rien à redouter pour leur sécurité, ni même pour leur tranquillité, dont lui, Manin, se portait garant. Nos princes, effectivement, étaient fort populaires, très aimés, très respectés, et pouvaient être certains qu'en aucun cas, et quoi qu'il pût arriver, on n'oublierait pas qu'ils étaient les hôtes de la ville. »

A Manin qui souhaitait que l'on retarde ce départ qui, en coïncidant avec celui des troupes autrichiennes pourrait laisser penser qu'on prévoyait des dangers, le comte Lucchesi-Palli « s'empressa de répondre que les princes avaient admiré avec quel ordre et quel calme s'était accomplie la révolution, qu'ils aimaient Venise et ses habitants, et savaient qu'ils pouvaient en toute sécurité prolonger leur séjour en cette ville, mais qu'ils se trouvaient dans l'obligation de regagner comme chaque année Frohsdorf et Brunnsee, et que leurs affaires les contraignaient à ce départ ».

Le soir, au palais Vendramin, on évoqua les récents événements vénitiens et ceux de France. Depuis deux jours, les courriers n'arrivaient plus. Enfin, le comte de Chambord interrogea M. Lucchesi sur l'entrevue qu'il avait eue avec Daniele Manin, le président de cette république vénitienne qui ne devait durer que jusqu'au mois d'août suivant.

« Mais bien qu'il questionnât beaucoup et prêtât grande attention aux réponses qui lui étaient faites, il n'émit pas une seule fois son opinion personnelle. Cette prudente réserve me surprit un peu, j'en dois convenir, mais c'est là une habitude qu'il s'était imposée et qui, au fond, était fort raisonnable et fort sage. Son opinion sur les faits, son jugement sur les hommes étaient bien nets, bien précis et bien arrêtés en sa pensée, et s'il s'exprimait sans réticence et en toute liberté dans son cabinet, en présence de personnes qui venaient le trouver pour conférer avec lui, ou qu'il avait convoquées pour s'entretenir avec elles, il n'en était plus de même quand il se trouvait en public. Cette habitude était chez lui si invétérée qu'il l'observait même quand il était dans la plus stricte intimité... »

Le comte de Chambord désirait quitter Venise au plus vite parce que sa correspondance ne devait subir aucun retard, et qu'il pouvait être amené à se rendre en France. Il évoqua la possibilité de troubles à Frohsdorf « à cause du voisinage de Vienne où régnait la plus vive effervescence et qui même était probablement en pleine révolte malgré l'octroi de la constitution accordée par l'Empereur ». L'on parla alors de cette constitution dont on ignorait tout et des constitutions en général.

La comtesse de Chambord écouta sans comprendre : « Ce mot de *constitution* qu'elle entendait pour la première fois, était pour elle entièrement vide de sens. Dans sa pensée, il rimait évidemment avec *révolution,* et il ne pouvait en être autrement puisque cette constitution était réclamée par un peuple en révolte, et que son résultat était de modifier du tout au tout les rapports du souverain avec ses sujets, et d'abolir tous les anciens rouages de l'administration, pour leur en substituer d'autres.

« La comtesse de Chambord craignait l'anarchie et entrevoyait une période plus ou moins longue de temps pendant laquelle personne ne serait en sûreté, l'ordre troublé et l'administration de la justice arrêtée.

« On essaya de la calmer, et Monseigneur en souriant lui expliqua que si, en certains cas, et dans les circonstances actuelles en particulier, un changement radical dans les rouages du gouvernement pouvait et devait même amener une certaine perturbation dans la marche régulière des choses, il n'en résulterait pas nécessairement pour cela un arrêt complet dans la vie du pays. Qu'une constitution pouvait même parfois être une chose utile et bonne, et que le tout était, en ce cas spécial, de savoir comment elle serait acceptée et appliquée.

« Ces explications calmèrent un peu la princesse, mais il

me sembla toutefois qu'elle n'était pas convaincue malgré toute la confiance que lui inspirait Monseigneur. »

La famille royale embarqua avec sa suite le 25 mars, à minuit. Un régiment de Croates inquiété par ce départ nocturne voulut l'empêcher. Ils furent harangués par la duchesse de Berry. « Elle était hors d'elle-même et rugissait comme une lionne qui voit ses lionceaux en danger et les veut défendre. Elle était vraiment grande et belle en son emportement et j'admirais sincèrement l'énergie dont elle faisait preuve. »

Charles de Faucigny-Lucinge clôt son récit sur ces mots de l'héroïque « Marie Stuart vendéenne » prononcés alors que tout le monde avait enfin mis le pied sur le pont du navire nolisé pour Trieste :

« — Il ne faut pas avoir peur du peuple, nous dit-elle, comme nous la félicitions du courage et de l'énergie dont elle venait de faire preuve. Le peuple n'est qu'un grand enfant... Je l'ai dit au roi Charles X à Rambouillet, le 1er août 1830. Ah, s'il m'avait écoutée ! S'il m'avait laissée partir ! Je rentrais ce même soir aux Tuileries, je parlais aux Parisiens, et mettais mon fils sur le trône. »

A Paris, le peuple allait faire entendre sa voix dans la France entière, avec violence et d'abord avec confusion.

Ces épisodes de la vie vénitienne racontés par un témoin montrent le comte de Chambord parmi les siens, loin de la France, et en dehors des heures passées à travailler à l'avenir de la royauté.

Les instructions qu'il donna aux chefs du mouvement légitimiste nous sont partiellement parvenues dans des lettres adressées à tel ou tel, mais qui avaient une large diffusion. Les positions de l'héritier exilé se précisèrent dans le sens d'un certain libéralisme dans les années 1848-1851.

Ces mêmes années ont donné une image de crise perpétuelle et, à chaque moment de crise, les légitimistes virent se renouveler, avec plus ou moins d'évidence, la possibilité de faire revenir en France le comte de Chambord exilé.

La France, qui avait chassé Louis-Philippe le 24 février, avait proclamé la République, puis élu Louis-Napoléon Bonaparte le 10 décembre de cette même année. Il est certain qu'elle avait choisi l'ordre mais elle avait tout aussi bien mis fin à la restauration des Bourbons.

Que le 24 février 1848 soit le dernier jour de la monarchie en France n'apparaissait pas aux royalistes actifs. Les amis du comte de Chambord ne virent que la fin d'une usurpation avant de songer, avec les orléanistes, à une réconciliation entre la branche d'Orléans et la branche aînée des Bourbons.

Février 1848 annulait bien juillet 1830, mais c'était une autre révolution qui eut d'autres conséquences.

1848 à Paris

Louis-Philippe et son ministre Guizot à partir de 1847 se posaient en champions du conservatisme en Europe. Une série de scandales, le refus des réformes (notamment électorales), avaient amené Lamartine à proclamer : « Il faut faire la révolution du mépris. » Cette époque, que Balzac et Eugène Sue ont décrite et que les historiens ont analysée dans sa complexité, était celle des coups de théâtre s'expliquant non seulement par des tensions sociales, mais aussi par de graves déséquilibres qui justifiaient un dénouement inattendu.

Le 24 février 1848, au bruit de l'émeute qui se rapprochait du palais des Tuileries, le roi, âgé de soixante-quinze ans, abdiqua en faveur de son petit-fils, le comte de Paris. Les lois prévoyaient une régence, exercée par le fils aîné du roi tant que le comte de Paris n'aurait pas atteint sa majorité. Il appartenait aux Chambres de proclamer le nouveau roi.

Dans l'après-midi, au lieu d'approuver cette régence, on débattit de sa révision pour donner les pouvoirs à la duchesse d'Orléans que l'on savait plus libérale. Une partie des insurgés ayant envahi la salle, il fut bien vite seulement question d'un gouvernement provisoire. Lamartine en tête, on se dirigea vers l'Hôtel de Ville pour le constituer.

Louis-Philippe avait fui à Dreux (on lui prête le mot « Pis que Charles X, cent fois pis ! »). Avec un passeport établi au nom de M. Lebrun, il gagna incognito Le Havre puis le château de Claremont en Angleterre, où il mourut le 26 août 1850. La crise qui frappa par son apparente analogie avec celle de 1830 se concluait dans un sens bien différent.

Paris imposait la république aux provinciaux. Le gouvernement provisoire de l'insurrection se constitua à l'Hôtel de Ville dans la soirée de ce même 24 février. Il institua parmi tant d'autres mesures l'abolition de l'esclavage dans les colonies, et le suffrage universel dès le 2 mars.

Flaubert fut le témoin de cette effervescence qui conduisait à proposer des « systèmes de félicité publique », ou simplement à se laisser gagner par l'euphorie :

« Comme les affaires étaient suspendues, l'inquiétude et la badauderie poussaient tout le monde hors de chez soi. Le négligé des costumes atténuait la différence des rangs sociaux, la haine se cachait, les espérances s'étalaient, la foule était pleine de douceur. L'orgueil d'un droit conquis éclatait sur les visages. On avait une gaieté de carnaval, des allures de bivouac ; rien ne fut amusant comme l'aspect de Paris, les premiers jours. (...) Le spectacle le plus fréquent était celui des députations de n'importe quoi, allant réclamer quelque chose à l'Hôtel de Ville. Car chaque métier, chaque industrie attendait du gouvernement la fin radicale de sa misère. »

La tension politique revint à Paris. Les élections des représentants du peuple — et non des députés —, repoussées au 23 avril seulement, allaient fournir à la province le droit de juger la capitale.

Le 4 mai, les élus proclamaient la République. La majorité était détenue par des modérés. Le mois suivant, il fallut s'attaquer au problème des Ateliers nationaux, que le comte de Falloux appelait « une grève permanente et organisée à 170 000 francs par jour » qui nourrissait donc les chômeurs de Paris et d'ailleurs.

En réduisant ces Ateliers, on provoqua une immense révolte réprimée résolument par le général Cavaignac. Batailles de rue, barricades, exécutions sommaires et 15 000 prisonniers : la réaction était ferme. Eugène Cavaignac resta au gouvernement du 24 juin au 20 décembre 1848. Lamartine et Ledru-Rollin partirent. L'Assemblée élabora et vota le 4 novembre la Constitution, promulguée le 21.

On se préparait à élire le président de la République au suffrage universel. Outre le futur Napoléon III, les candidats étaient Cavaignac, Ledru-Rollin, Raspail, Lamartine, et le légitimiste Changarnier. Personne n'avait prévu une victoire éclatante de Louis-Napoléon Bonaparte, revenu d'exil lorsque Louis-Philippe en avait pris le chemin.

Il fut proclamé le 20 décembre. Le 23, à l'Élysée, il donnait son premier dîner avec une quinzaine de convives dont le général Changarnier, et Victor Hugo, qui nota peu après : « Et tout en m'en allant je songeais. Je songeais à cet emménagement brusque, à ce mélange de bourgeois, de républicain et d'impérial, à cette surface d'une chose profonde qu'on appelle aujourd'hui le président de la République, à l'entourage, à la personne, à tout l'accident. Ce n'est pas une des moindres curiosités et un des faits les moins caractéristiques de la situation que cet homme auquel on peut dire et on dit en même temps et de tous côtés à la fois : prince, altesse, monsieur, monseigneur et citoyen. Tout ce qui se passe en ce moment met pêle-mêle sa marque sur ce personnage à toutes fins. »

Le rêve d'une concorde universelle

Le comte de Chambord avait envoyé de Venise une lettre publique au vicomte de Saint-Priest le 22 janvier 1848. Cette lettre répondait à une note envoyée par quelques royalistes concernant les réformes entreprises par le pape. Mais elle présente aussi l'intérêt, un mois exactement avant les journées de février, d'exposer les vues d'Henri V sur les grandes questions dont on débattait en France : le suffrage universel et la liberté de l'enseignement.

Il commençait ce texte important en formulant des vœux pour le succès de la politique du pape, tout en se réclamant de la « plus stricte neutralité » : exilé, il devait rester « étranger à tout ce qui touche la politique des divers gouvernements ».

Dans la fin de cette lettre, il se défendait de toute indifférence, donnait ses instructions et recommandait l'union pour le congrès de la presse royaliste :

« Je sais et je m'en afflige, qu'un grand nombre de mes amis m'accusent d'inaction, d'indifférence même et qu'ils voudraient me voir prendre une part plus active, si ce n'est à la lutte des partis, au moins à la discussion des questions sociales qui préoccupent en ce moment tous les esprits. Ma position actuelle exige trop de réserve, de prudence et de circonspection, pour qu'il me soit permis de donner satisfaction à ces vœux. »

Voici maintenant un programme de libertés : « Rappelez-leur donc que, dans toutes les occasions et notamment à Londres, j'ai hautement manifesté ma conviction que le bonheur de la France ne pouvait être assuré que par l'alliance des principes monarchiques avec les libertés publiques. Tout ce qui tendra à ce but aura toujours mon approbation. Ainsi, je vois avec un vif succès les efforts qui sont faits pour obtenir dès à présent la réforme de ces lois injustes qui privent le plus grand nombre des contribuables de la participation légitime qui leur appartient dans le vote de l'impôt, et qui, tenant sous le joug, par l'exagération de la centralisation administrative, les communes, les villes, les provinces, les associations diverses, les dépouillent des droits et des libertés qui leur sont le plus nécessaires.

« Je m'associe également à la lutte persévérante et courageuse des catholiques de tous les partis en faveur de la liberté de l'enseignement, qui ne devrait avoir d'autres limites que l'autorité tutélaire dont un sage gouvernement ne saurait se départir dans l'intérêt de la société. Obligé de vivre loin de la patrie, je ne puis, hélas ! jusqu'ici, que me borner à faire des vœux pour elle, étudiant avec soin toutes les questions qui intéressent son avenir et me tenant constamment au courant de la situation des choses et des esprits par la lecture assidue des journaux et des diverses opinions, et par les correspondances que je multiplie le plus que je puis avec des hommes qui appartiennent aux différentes nuances de l'opinion royaliste. »

Le parti royaliste n'était pas parfaitement uni mais cette lettre avait le mérite de tracer un chemin : « l'alliance sincère des principes monarchiques avec les libertés publiques », la réforme du code électoral et la décentralisation, enfin la liberté de l'enseignement, pour les catholiques s'entend.

Il convient de revenir sur ces grandes lignes d'un programme qui sera précisé au cours de l'année 1848 et d'abord de montrer le contraste avec les textes de l'année 1847.

En effet, la correspondance politique de l'année 1847 est surtout marquée par une volonté de faire le bien : « Assister des Français qui souffrent, c'est me servir ! La charité de mes amis, autant que leur fidélité et leur dévouement, me portera bonheur. » (...) « Sans doute, c'est à nous de marcher à la tête du mouvement social pour lui donner une sage et utile direction, de nous montrer toujours et partout les plus empressés comme les plus habiles à faire le bien, et de prouver ainsi à la France, et principalement aux classes laborieuses, de quel côté sont leurs vrais amis et les défenseurs constants de tous leurs intérêts. »

Faire le bien, c'est lutter contre le mal en s'affirmant comme un défenseur des faibles. Cette ligne de conduite est une des lignes de force d'Henri V. Depuis son enfance, on le sait attaché à répandre des secours auprès des malheureux connus ou inconnus. Il a agi ainsi toute sa vie, sur le modèle d'anciens rois de France et à l'imitation explicite de Saint Louis.

Le 29 mars 1849, apportant sa contribution à l'œuvre de Saint Louis, le comte de Chambord en souligne la nécessité sacrée : « Dans la souffrance générale, il faut que chacun fasse ses efforts pour venir au secours du malheur. Les infortunes que soulage l'association formée sous les auspices du saint roi ont un caractère qui les rend encore plus sacrées pour nous. Je suis donc bien sûr que la charité de mes amis, loin de se ralentir à la vue de la misère toujours croissante, sentira la nécessité de redoubler de zèle et de s'imposer de nouveaux sacrifices, afin de soutenir cette institution salutaire et de lui donner les moyens de continuer à remplir sa bienfaisante mission. »

Il invitait donc sans cesse à retourner aux vrais principes de la charité chrétienne et incitait à ranimer au sein des classes pauvres « cet esprit de famille qui tend à s'éteindre ». Ce thème de l'union au sein de chaque famille, sous l'autorité d'un père bienveillant, fut amplement développé dans les années ultérieures à des fins plus précisément politiques.

Pendant les premiers mois de la Révolution de 1848, le comte de Chambord n'intervint pas dans le débat permanent qui accompagnait les décisions du gouvernement provisoire de la République. Le 1er juin 1848, il est contraint de sortir de la réserve habituelle qu'il s'était imposée. Profitant de son long silence, on avait répandu de fausses lettres annonçant un renoncement définitif de sa part. L'une de ces lettres était adressée au président de l'Assemblée constituante et fut imprimée et publiée à Paris. Le comte de Chambord y répond en ces termes :

« Je viens, Monsieur, de lire la prétendue lettre adressée par moi au Président de l'Assemblée nationale, imprimée et publiée à Paris le 18 mai dernier.

« Je sais aussi qu'il a été répandu plusieurs autres lettres qui tendraient à faire croire que j'ai renoncé au doux espoir de revoir ma chère patrie. Aucune de ces lettres n'est de moi. Ce qu'il y a de vrai, c'est mon amour pour la France, c'est le sentiment profond que j'ai de ses droits, de ses intérêts, de ses besoins dans les temps actuels, c'est la disposition où je suis de me dévouer tout entier, de me sacrifier à elle si la Providence me juge digne de cette noble et sainte mission.

« Français avant tout, je n'ai jamais souffert, je ne souffrirai jamais que mon nom soit prononcé lorsqu'il ne pourrait être qu'une cause de division et de trouble. Mais si les espérances du pays sont encore une fois trompées, si la France, lasse enfin de toutes ces expériences qui n'aboutissent qu'à la tenir perpétuellement suspendue sur un abîme, tourne vers moi ses regards, et prononce elle-même mon nom comme un gage de sécurité et de salut, comme la garantie véritable des droits et de la liberté de tous, qu'elle se souvienne alors que mon bras, que mon cœur, que ma vie, que tout est à elle, et qu'elle peut toujours compter sur moi ! »

Si le 1er juin 1848, le comte de Chambord pouvait parler d'une France « perpétuellement suspendue sur un abîme », au lendemain des journées réprimées par les canons du général Cavaignac, il compatit avec éloquence aux douleurs de sa patrie :

« Que de malheurs n'ai-je pas à déplorer ! Ces luttes affreuses qui viennent d'ensanglanter la capitale, la mort de tant d'hommes honorables et distingués dans la garde nationale et dans l'armée, le martyre de l'archevêque de Paris, la misère du pauvre peuple, la ruine de nos industries, les alarmes de la France entière ! Je prie Dieu d'en abréger le cours.

« Puissent le spectacle de ces calamités et la crainte des maux qui menacent l'avenir ne point emporter les esprits loin des grands principes de justice et de liberté publique, qu'en ce temps, plus que jamais, les amis des peuples et des rois doivent défendre et maintenir ! »

Cette lettre fut adressée à Berryer, qui venait de lui apprendre la mort du vicomte de Chateaubriand, son ami sincère et son conseiller fidèle.

La paix ne pouvait naître que dans l'ordre et le sentiment de la force. Il convenait de songer à réconcilier la branche aînée et la branche cadette. Le comte de Chambord rêva ainsi d'une concorde universelle : au milieu de tous les Français unis, la famille royale, et au centre, son roi, lui-même.

Cet idéal politique trouva une expression particulièrement nette après les journées de juin 1848, dans une réponse datée du mois d'août au duc de Noailles. La famille de Noailles avait accueilli Charles X et Henri V enfant après le départ de Rambouillet. Le duc de Noailles allait succéder au vicomte de Chateaubriand à l'Académie française : cet homme avait la confiance entière d'Henri V.

« Vous le savez déjà, ce que je veux, c'est la paix, c'est le bonheur, c'est la gloire de la France ; et, dans ma conviction profonde, ces graves intérêts ne peuvent être assurés que par le retour au principe qui, pendant des siècles, a été la garantie de notre ordre social, et peut seul permettre de donner aux libertés publiques tous leurs développements, sans rien ôter au pouvoir de la force et de l'autorité qui lui sont nécessaires. Tous les bons esprits et tous les cœurs droits ne tarderont pas, je l'espère, à reconnaître cette vérité, et plus que jamais ils éprouveront le besoin de s'entendre, de se soutenir mutuellement et de travailler tous ensemble au salut de la patrie. »

S'estimant exempt de toute vue personnelle, il appelle de ses vœux « l'alliance et le concours de tous les partis, n'en formant plus qu'un seul indissolublement uni désormais dans la défense des grands intérêts de la société ». Au-delà du duc de Noailles, ce texte s'adresse à la branche d'Orléans et à tous les partis.

« Aussi, le plus beau jour de ma vie sera celui où je pourrai voir tous les Français, après tant de dissentiments et de rivalités funestes, rapprochés par les liens d'une confiance réciproque et d'une véritable fraternité ; la famille royale réunie autour de son chef dans les mêmes sentiments de respect pour tous les droits, de fidélité à tous les devoirs, d'amour et de généreux dévouement pour la patrie ; enfin, la France entière, pacifiée par la réconciliation de tous ses enfants, donner au monde le spectacle d'une concorde universelle, sincère, inaltérable, qui lui promette encore de longs siècles de gloire et de prospérité. »

Ce dernier extrait annonce avec force et une rare éloquence ce qui fut l'idéal de nombre de Français dans la période qui suivit : la célèbre « fusion » des princes de la branche d'Orléans et de la branche des Bourbons.

La réconciliation nationale souhaitée par le comte de Chambord trouvait son modèle de fraternité dans l'union retrouvée de la famille royale. Le dernier héritier des Bourbons se prescrivait également le « respect de tous les droits ». On sait que le roi Louis-Philippe et les orléanistes attachaient du prix à la conservation de la monarchie parlementaire et des acquis politiques et sociaux.

La fusion, préalable familial d'un consensus national, se montra difficile à réaliser.

La politique de fusion

Depuis 1830, les légitimistes déploraient avec indignation l'usurpation du trône des Bourbons par Louis-Philippe, duc d'Orléans. Le trône revenait de droit à Henri V. S'il mourait sans postérité, la couronne passerait à la branche espagnole d'Anjou, issue du second petit-fils de Louis XIV. La branche française des Orléans, issue du frère de Louis XIV, était une branche cadette.

Cependant, pour le comte de Chambord, il était tout aussi clair que la France restait attachée autant à un régime parlementaire qu'au régime monarchique : la monarchie parlementaire, réalisée par le seul roi des Français — tel était le titre de Louis-Philippe — ne pouvait être aisément balayée. Elle avait eu son heure de popularité. Elle avait aussi connu un grave échec. A la chute de Louis-Philippe, le comte de Paris n'avait pas été proclamé roi par les Chambres le 24 février 1848.

Les années passant, il sembla assuré que le comte de Chambord n'aurait pas de postérité et les droits à la couronne allaient naturellement revenir à une branche cadette soit après sa mort, soit après son éventuelle abdication en faveur du comte de Paris. On souhaitait ratifier par une réconciliation loyale ce qui parut progressivement inéluctable.

Les atrocités de juin 1848 et la menace de troubles à venir rendirent plus urgente l'adoption d'une solution commune. Elle ne pouvait pas être proposée par Louis-Philippe. Dès le mois d'août 1848, alors que le général Cavaignac avait la situation bien en main, Henri V prit l'initiative de faire part de sa volonté de conciliation au duc de Noailles. Cet homme, curieusement, était — assez lointainement — apparenté aux Bourbons et aux Orléans.

Le message d'union était clair. Le mot concorde était immanquablement associé à celui d'autorité politique dans cette image d'ordre moral : « La famille royale autour de son chef. » Le duc se montra bon messager.

L'appel fut entendu. Cette nouvelle lettre au duc de Noailles, datée du 5 octobre 1848, le prouve, qui évoque un début de succès à mots couverts : « D'après ce que vous m'écrivez, mon cher Duc, des personnes éminentes, convaincues de la nécessité de réunir en un seul faisceau toutes les forces qui peuvent résister à la tempête dont le monde social est si violemment ébranlé, pensent qu'un rapprochement entre les deux branches de ma famille est la condition première de cette désirable union. »

En janvier 1849, le comte de Chambord écrivit de nouveau à Berryer : « Vous connaissez, Monsieur, mes sentiments et mes intentions à l'égard des membres de ma famille, comme à l'égard des hommes que leur haute probité et leur capacité éprouvée appellent à rendre au pays d'éminents services. » Il l'autorisait à rendre publique sa volonté de conserver cet esprit de paix et d'union, qui supposait la résignation légitimiste des princes d'Orléans.

On conçut à cette époque de nombreux plans de restauration. Certains furent chimériques. Selon Berryer, l'un d'entre eux, plus vraisemblable, s'appuyait sur le maréchal Bugeaud et sur le général Changarnier. Pierre de Luz explique ce projet dans son *Henri V*. Le maréchal Bugeaud était l'ancien geôlier détesté de Marie-Caroline de Berry à Blaye. Il disposait depuis le 12 octobre 1848 de la confiance du comte de Chambord : « Par ses talents, sa haute capacité, son caractère ferme et énergique et l'influence qu'il exerce sur l'armée, le maréchal peut être appelé à rendre à notre patrie, dans les circonstances actuelles, les services les plus signalés. »

Fin décembre 1848, le nouveau président Louis-Napoléon Bonaparte le nommait commandant en chef de l'armée des Alpes. Lyon fut quelque temps le siège de son commandement. De Lyon, le général Bugeaud pouvait aller accueillir Henri V à la frontière suisse et l'escorter jusqu'à Paris. Dans la capitale, on retrouverait le général Changarnier, un royaliste nommé également par Louis-Napoléon Bonaparte commandant en chef des gardes nationales de la Seine, commandant de la garde mobile et de l'armée de Paris.

Henri V aurait été accompagné d'un prince de sa famille, de toute évidence le duc de Nemours, le fils « légitimiste » de Louis-Philippe.

Le projet ne fut pas réalisé : Berryer affirma qu'il avait été refusé par le comte de Chambord parce qu'on ne lui donnait pas toutes les garanties sur le régime qui aurait alors été mis en place. Peut-être avait-on eu vent de cette entreprise ? Le général Bugeaud fut rapidement rappelé à Paris pour former un ministère. Il mourut en juin du choléra. Le projet fut remis.

Selon les témoignages des proches du comte de Chambord, la question du drapeau n'était pas prise en considération à cette époque. Le comte de Chambord ne portait pas d'uniforme en exil et par conséquent n'avait jamais arboré de cocarde — blanche ou tricolore — mais il devait songer à un choix. En effet, dès l'été 1848, un uniforme de lieutenant général avait été commandé chez le tailleur Staub, en prévision d'un retour à Paris.

Les nouvelles élections allaient balayer pour un temps ces projets de traversée glorieuse des frontières en laissant entrevoir une solution négociée rendue possible par la nouvelle majorité.

En effet, l'élection d'environ 750 députés, le 13 mai 1849, dégageait une grosse majorité de près de 500 conservateurs (monarchistes pour la plupart), et une minorité de « rouges » et de républicains. L'Assemblée législative reproduisait en les inversant complètement les proportions de l'Assemblée constituante issue de la révolution de 1848.

Elle confirmait la conjonction électorale entre Bonaparte et les partis royalistes et un désir d'ordre dans une large partie du pays. Cette conjonction de peu de durée ne pouvait masquer les dissensions entre orléanistes et légitimistes.

Berryer s'adressant au ministre Falloux analysait ainsi la situation politique en France : « Le président, livré à lui-même, va se jeter et nous jeter dans tous les hasards. Qu'avons-nous à lui opposer ? Une maison royale divisée contre elle-même, une armée indécise, des chefs partagés. La France s'est prononcée deux fois, en moins d'un an, contre la République, par l'élection du 10 décembre et par l'élection de l'Assemblée législative ; mais elle prendra aveuglément ce qu'on lui présentera sous les apparences de l'ordre et du repos. (...) Faites durer ce régime provisoire qui maintient la sécurité du dedans et du dehors, en attendant que plus et mieux deviennent possibles. »

Le comte de Falloux répéta volontiers, devant ceux qu'il savait être en communication avec les princes, cette phrase du président : « Montrez-moi la maison de Bourbon réunie, vous me trouverez alors tout prêt à prendre ma canne et mon chapeau. »

Berryer négociait avec les anciens ministres de Louis-Philippe : Guizot, Molé et Salvandy. Ils étaient partisans de la reconnaissance du comte de Chambord.

Louis-Philippe souhaitait réserver les chances de la maison d'Orléans. Les autres membres de cette maison ont semble-t-il voulu ménager toutes les issues possibles et, pour cela, il fallait éviter de prendre rapidement des décisions trop définitives. A Salvandy, Louis-Philippe répondra que son rôle est fini en ce monde et que la chose ne peut regarder que ses fils. En décembre 1849, M. de Salvandy reçut de Louis-Philippe, à Claremont, des instructions à l'usage des orléanistes soulignant la sincérité des positions publiques : « La maison d'Orléans fidèle à son principe peut accepter tout ce que voudra la France, mais elle ne peut tout servir. Mes fils ne peuvent pas servir les Bonaparte ; ils ne peuvent servir que leur cousin ; ils le serviront avec joie et seront les plus fidèles de ses sujets. Je puis dire qu'en cela ils suivront toujours l'exemple que je leur ai donné car je n'ai cessé de donner au roi Charles X les conseils et les avertissements qui auraient prévenu les catastrophes. » La dernière phrase suscita quelques doutes sur la bonne foi de Louis-Philippe. Par ailleurs, il refusa le terme de « fusion » pour le remplacer par le terme plus exact de subordination : « J'ai toute confiance en Henri V ; je le sais excellent. Mais que parle-t-on de fusion ! Comment veut-on que je fusionne avec Chambord ?... Il n'y a de possible que la subordination de la branche cadette à la branche aînée et vous direz que je l'entends bien ainsi. »

En juin 1850, à Claremont, Louis-Philippe disait à Guizot : « C'est un grand mal que la désunion de la maison de Bourbon. Je n'y ajouterai pas le scandale de la désunion de la maison d'Orléans. Il faut que tous les miens soient de mon avis. Mais mes fils en sont — Nemours, Joinville, sans doute, les autres ? — mais ce n'est pas tout. Il faut du temps, il me faut du temps. » Aucune rencontre ne pouvait sceller une réconciliation ajournée.

Louis-Philippe mourut le 26 août 1850 en exil. Le comte de Chambord apprit la nouvelle à Wiesbaden et il fit dire une messe à l'intention de l'âme de son oncle. Cette marque de pardon et le message qu'il fit parvenir à la reine Marie-Amélie lui assurèrent la bienveillance de sa tante pour longtemps. La question de la fusion allait maintenant se poser ailleurs et en d'autres termes : elle devait être débattue par les parlementaires royalistes à Paris.

Ems et l'année 1849

Pendant que l'on discutait à Paris avec passion mais souvent avec plus de finesse que de bonne foi de la « fusion », et que l'on commentait les résultats des élections du mois de mai 1849, le comte de Chambord augmentait sa popularité en rencontrant à nouveau des Français.

La rencontre d'Ems, près de Coblence, au mois d'août 1849, renouvela les expériences de Butschirad et de Londres.

Parmi les groupes de Français que le comte de Chambord reçut dans cette ville où sa femme était venue prendre les eaux, se trouvaient des délégations d'ouvriers. Les délégués parisiens offrirent au comte de Chambord une paire de pistolets au damasquinage fleurdelysé dans une boîte d'ébène à ses armes. Une adresse accompagnait le présent :

« Des ouvriers de tous les états prient M. le comte de Chambord de vouloir bien accepter un témoignage de leur respect, de leur dévouement, de leur reconnaissance pour tant de bienfaits répandus sur les misères françaises, du sein de son exil. Au prince dont Paris fut le berceau, ils offrent un tribut de cette industrie parisienne, si noblement protégée par la royauté légitime et si cruellement frappée par les révolutions. Que M. le comte de Chambord daigne jeter les yeux sur ces listes de souscripteurs ; il jugera si le grand principe de la légitimité est le privilège exclusif d'une caste comme voudraient le faire croire des hommes intéressés à égarer l'opinion ; il verra que dans bien des mansardes de nos cités comme dans bien des chaumières de nos campagnes, son nom est la consolation du présent, l'espérance de l'avenir... »

Ces pistolets et les autres cadeaux furent réunis dans une exposition.

Le comte de Chambord avait tenu à avoir de nombreux entretiens avec ces délégués et les autres visiteurs ; certains étaient d'anciens pèlerins de Belgrave Square. Mais, cette fois-ci, les Français qui s'étaient déplacés à Ems n'avaient pas à craindre de difficultés à leur retour en France.

Tous voulaient croire que le retour d'Henri V en France n'était que provisoirement retardé. Le comte de Chambord lui-même dans ses remerciements aux ouvriers de Paris témoignait de l'espoir mis dans l'avenir :

« Apprendre que mon nom est prononcé avec sympathie dans mon pays, dans ma ville natale, c'est la plus douce consolation que je puisse recevoir dans l'exil !

« En parcourant les listes nombreuses qui m'ont été apportées, j'ai été heureux et fier de compter tant d'amis dans la classe laborieuse. Étudiant sans cesse les moyens de leur être utile, je connais leurs besoins, leurs souffrances, et mon regret le plus grand est que mon éloignement de la patrie nous prive du bonheur de leur venir en aide et d'améliorer leur sort. Mais un jour viendra où il me sera donné de servir la France et de mériter son amour et sa confiance. »

La légende légitimiste rapporte qu'à Ems il reçut des mains de l'éditeur Jeanne un beau fuchsia en pleine terre avec ses racines provenant des Tuileries. Le comte de Chambord reçut avec émotion la fleur dérobée et la fit planter à Frohsdorf.

Louis-Napoléon Bonaparte ne semblait pas encore trop redoutable. Et le comte de Chambord, fils aîné de l'Église, se trouva en accord avec l'acte essentiel de la politique étrangère du Président destiné à conforter la puissance temporelle du pape, en chassant de Rome les patriotes italiens.

Il n'en était pas de même à Paris. Le 13 juin 1849, on avait organisé une marche sur l'Assemblée pour protester contre cette expédition du général Oudinot, duc de Reggio, à Rome. Cette journée, qui vit aussi quelques émeutes en province, fut un échec qui détermina le Président à prendre des mesures, notamment contre la presse.

Un mois après la rencontre d'Ems, en septembre 1849, le comte de Chambord écrivit au général Oudinot pour le féliciter de son succès : « Rome rendue à son souverain légitime, la ville des apôtres ramenée sous l'obéissance de celui qui a hérité de leur mission divine. »

Jusqu'en 1852, le comte de Chambord ne fit aucune

déclaration concernant Louis-Napoléon Bonaparte, qui lui-même, jusqu'en 1850, chercha plutôt l'accord avec l'Assemblée.

La révolution de 1848, ces contacts réitérés avec des Français de toutes conditions, la réflexion politique personnelle enfin, avaient déterminé le comte de Chambord à modifier sa conception de l'aide à apporter aux classes défavorisées. Son éducation chrétienne et sa conviction profonde l'amenèrent à penser toujours en termes de charité, et à s'exprimer avec le vocabulaire de la religion. Ainsi remercia-t-il, en mars 1849, le marquis de La Rochejaquelein de l'envoi du prospectus concernant une association à fonder au profit des classes ouvrières. Il regretta, à cette occasion, de ne pouvoir, dans son exil, « protéger, patronner d'une manière plus efficace des établissements destinés à faire tant de bien ».

L'Assemblée législative utilisa les mêmes mots lorsqu'elle débattit, pour l'adopter à l'unanimité, de la proposition de M. de Melun touchant l'article 13 de la Constitution et l'assistance publique.

Les misères du temps étaient nombreuses et contenaient le ferment de troubles futurs. Les mesures d'aide aux « classes malheureuses » participaient des efforts tendant à ramener l'ordre. Le comte de Chambord employa, à cette date, un néologisme d'origine anglaise, promis au succès pendant tout le XIXe siècle, mais qui surprend sous cette plume si classique, le « paupérisme ».

Une lettre datée du 1er novembre 1849 et adressée au marquis de Bausset fit de la lutte contre le paupérisme une mission parce qu'elle était une arme contre les doctrines pernicieuses : « Rappeler à tous que les droits ne peuvent naître que de l'accomplissement des devoirs ; que le seul moyen de combattre efficacement le paupérisme et ces doctrines pernicieuses qui le rendent plus dangereux encore, est de travailler sans relâche à l'amélioration, à la fois religieuse, intellectuelle, morale et matérielle des classes mal-

127

heureuses ; telle est la mission que vous vous êtes donnée. Je vous félicite de la manière dont vous l'avez remplie et j'espère que vos nobles efforts ne seront pas sans utilité. »

La lutte contre le paupérisme était l'un des moyens d'agir pour le bien de la France et du royalisme. L'impossibilité de réaliser la fusion, la désunion persistante du légitimisme à l'Assemblée et en dehors d'elle, enfin les chances assurées à ce parti par la popularité croissante du comte de Chambord l'amenèrent à faire connaître son intention de rencontrer à nouveau ses partisans à propos de questions politiques précises. Le choix se porta sur une autre ville d'eaux plus proche de la frontière française, Wiesbaden.

Wiesbaden et l'année 1850

A Paris, la majorité conservatrice avait été effrayée des résultats des élections complémentaires de trente députés, conduisant à l'élection de vingt et un « rouges ». Une réponse s'imposait. Le 31 mai, une loi restreignait le suffrage universel.

Le Président commença à montrer ses ambitions et reçut un accueil favorable lors de ses tournées de propagande en province pendant l'été.

Lorsque le comte de Chambord se rendit à Wiesbaden en août 1850, il rencontra à nouveau des Français, dont M. Salvandy, et, comme à Londres, de nombreux députés de l'Assemblée législative. Il eut avec eux de longues conversations et leur indiqua la ligne de conduite à suivre. Le texte de son allocution contient également des allusions aux graves difficultés possibles :

« Les événements peuvent faire naître soudainement de graves questions tandis que je serai encore loin de vous. Je vous ai dit quels amis ont toute ma confiance, parce qu'ils ont la vôtre. Votre accord et le leur résoudront les difficul-

1 - La duchesse de Berry.

2, 3 - Boîtes rondes à couvercle décoré. Henri-Dieudonné, duc de Bordeaux.

4 - La France offrant le château de Chambord au duc de Bordeaux.

5 - Souscription de Chambord.

6 - Arrivée du duc de Bordeaux à Chambord en 1821 (scène fictive).

7 - Henri, duc de Bordeaux.
8 - La duchesse de Berry en veuve,
bénissant l'épée que lui présente le duc
de Bordeaux.

9 - Henri et Louise
en Ecosse.

10 - La duchesse de Berry
à Blaye.

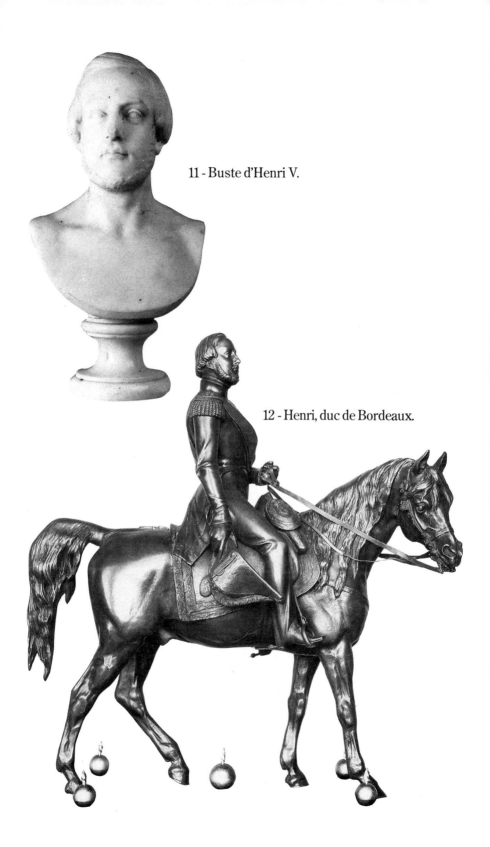

11 - Buste d'Henri V.

12 - Henri, duc de Bordeaux.

13 - La comtesse de Chambord
vers 1846.

14 - La comtesse de Chambord
vers la fin de sa vie.

15 - Frohsdorf (Autriche) .

16 - Gravure de propagande. ▷

LA PAROLE EST A LA FRANCE. ET L'HEURE A DIEU.

DIEU ET LE ROI

VÉRITÉ
La Vérité vous rendra libres
S.Jean VIII.32.

LIBERTÉ
avec l'esprit du Seigneur, la liberté
2.Cor.III

HUGUES CAPET (987)
Son domaine ne se composait que de l'Ile-de-France, partie du Berry, de l'Orléanais, de la Picardie, du Gatinais, Dep.ts de SEINE, SEINE et MARNE, SEINE et OISE, LOIRET et OISE.
PHILIPPE II (1180)
Prend le Poitou VENDÉE aux Anglais ainsi qu'une Npartie de la Tet partie du Berry VIENNE.

LOUIS XI (1461)
Il reunit, (1463) l'Ile de France et la Picardie, AISNE, SOMME, en 1469 la Normandie SEINE INF.re par reversion (1477) la partie de la Bourgogne, Champagne, Orléanais YONNE, COTE d'OR, SAONE-et-LOIRE liberté en 1481 de la Provence B.ses ALPES, B.ses du RHONE, VAR, la moitié de VAU-CLUSE, reunit (1483) le Maine et l'Anjou SARTHE MAINE-ET-LOIRE confisques en 1204.

PHILIPPE III (1270)
Hérite du Vivarais à l'Albigeois, du Languedoc du toulousain et Auvergnais, dep.ts de l'ARDÈCHE, AUDE, HÉRAULT GARD, H.te GARONNE, H.te LOIRE, LOZERE, TARN et GARONNE, TARN.
PHILIPPE IV (1285)
Par son mariage, une partie de la Champagne et de la Bourgogne, dep.ts de la H.te MARNE, de la MAR-NE, de l'AUBE, AR-DENNES, il confisque la Marche CREUSE, reunie qu'en 1525.
PHILIPPE VI (1328)
En 1343 par cession à son fils, Jean, partie de la Pro-vence et du Dauphiné dep.ts des H.tes ALPES, ISERE, DROME.
CHARLES V (1364)
Conquiert en 1365 le Limousin, Marche, Guyenne CORRÈZE, H.te VIENNE, l'Angoumois CHARENTE, Aunis et Saintonge CHAR.te Inf.re.
CHARLES VI (1380)
La partie de l'Orléanais forme le dep.t LOIR et CHER, en 1391.
CHARLES VII (1422)
Reunit 1480 le Poitou, Aunis, la Saintonge DEUX-SÈVRES En 1450 la Normandie, CALVADOS, MANCHE (Conquerie sur les Anglais) 1453 la Guyenne, la Gascogne, le Quercy LANDES, GIRONDE, LOT, LOT et GARONNE.

HENRI IV
BRANCHE de BOURBON
(1589)
Il apporta au Royaume de France (1589) la Navarre et le Bearn B.ses PYRÉNÉES, H.tes PYRÉNÉES, les Pays de Foix ARIÈGE, l'Armagnac et le Com-minge GERS, le Rouergue AVEYRON, le Perigord DORDOGNE, sa réunion en 1593, le BERRY, l'Orléanais LOIRET, INDRE, CHER par ce la partie de la Bourgo-gne forme l'AIN.
LOUIS XIII (1610)
par ress.on l'Auvergne.
LOUIS XIV (1643)
Par conq.te le Roussillon PYRÉNÉES ORIEN l'Alsace (1648), B.RHIN H.t RHIN, par revers.on le Vermandois (1678) NIÈVRE par conq.te (1668) la Flandre NORD, en 1678 Franche C.té JURA, DOUBS, H.te SAONE, reunit (1678) l'Artois et la Pi-cardie, PAS-de-CALAIS.
LOUIS XV (1715)
Les Génois cedent la CORSE qui est réunie définitiv.t en 1768 Il conquiert la Lorraine VOSGES, MOSELLE, MEUSE, MEURTHE.
CHARLES X
Le commerce de la France est menacé par les ennemis puis 1: Charles se donne, il prend l'ALGERIE, mais la revolution triomphante l'oblige à partir en exil

HENRI-CHARLES-FERDINAND-MARIE-DIEUDONNÉ DE BOURBON
NÉ A PARIS LE 29. 7.bre 1820.

Royaume primitif de Hugues Capet
987.

Annexions des Bourbons.
d.e de la République.
d.e de Napoléon III.
Prov.ces perdues par Napoléon.

FRANÇOIS I.er (1515)
Par son mariage (1514) il apporte le duché de Bretagne ILLE et VI-LAINE, LOIRE INF.re MORBIHAN, COTES du NORD, FINISTÈRE qui est reunit en 1532, il confisque(1527) le Forez et le Beaujolais LOIRE, reçoit (1516) le Bresse, et le Perche EURE et LOIRE, la partie du Normandie et du Perche formant l'ORNE, confisque le Bourbonnais 1531 ALLIER et reunit (1531) les parties de l'Auvergne, du Bourbonnais du Lyonnais et du Beau, jalon PUY de DOME, RHONE.
HENRI II
reunit la Touraine INDRE et L'IN reconnoit à l'Etat en 1544 les TROIS EVECHES l'Anjou MAYENNE.

RÉPUBLIQUE
En 1791, elle confisque au Pape, le comtat Venaissin la moitié du Département de VAUCLUSE.

NAPOLÉON III
Obtient de l'Italie la cession de la Savoie, dep.t de la SAVOIE, H.te SAVOIE, ALPES MARIT.mes en 1860, mais vaincu par la Prusse en 1870, il cause la perte de tout 3 plus belles Provinces Alsace et Lorraine, conquises par les BOURBONS.

Peinture Lainée, 8 rue du Vieux Colombier Paris.

Imp. Lemercier & C.ie Paris.

LA FRANCE DES BOURBONS

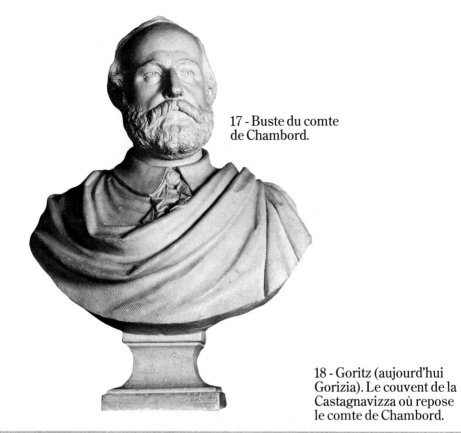

17 - Buste du comte de Chambord.

18 - Goritz (aujourd'hui Gorizia). Le couvent de la Castagnavizza où repose le comte de Chambord.

tés. Vous avez pour guides assurés de vos résolutions, votre attachement au droit héréditaire de la couronne, votre foi dans les libertés nationales, et cet amour vrai du pays qui est la plus forte des garanties pour la société menacée. »

Ces difficultés liées implicitement au nom de Bonaparte l'engagèrent à montrer son autorité et à habiliter des représentants en France. Les amis auxquels le comte de Chambord fait allusion furent rassemblés dans un comité de cinq membres : le duc de Lévis, le général de Saint-Priest, M. Berryer, le marquis de Pastoret et le duc des Cars. Ils étaient nommés dans l'importante circulaire rédigée par le marquis de Barthélémy à la demande d'Henri V. Cette lettre, qui ne devait circuler que parmi les partisans les plus fidèles, fut indiscrètement publiée et certains voulurent voir une preuve d'absolutisme dans le point suivant :

« ... la direction de la politique générale étant réservée par M. le comte de Chambord, aucune individualité, soit dans la presse, soit ailleurs, ne saurait désormais être mise en avant comme représentation de cette politique en dehors de M. le comte de Chambord, il ne peut y avoir aux yeux des légitimistes que les mandataires qu'il a désignés... »

Certains monarchistes, dont le marquis de La Rochejaquelein, étaient partisans d'un appel au peuple pour hâter la restauration. Le comte de Chambord, qui préférait être appelé spontanément par le peuple, refusa fermement cette solution du plébiscite. Elle lui paraissait parfaitement contraire au principe de l'hérédité monarchique. Le marquis de La Rochejaquelein répondit par une lettre publique à ce qu'il appela excommunication : « Je ne crois pas que la légitimité soit un mystère, que sous la République, pas plus que sous la monarchie, les représentants de la France doivent obéir aux ordres du roi. » Et il quitta le parti des légitimistes pour se rapprocher des bonapartistes.

Le comte de Chambord avait perçu les divisions entre les monarchistes. Elles manifestaient un goût pour l'indépendance qui pouvait être fâcheux. S'il tint fermement, après 1850, à nommer lui-même ceux qui avaient le droit de parler en son nom, c'est qu'il lui arrivait de redouter les initiatives de ses partisans.

Il écrivit plus tard au duc de Noailles : « Je sais toutes les difficultés que rencontre le retour aux principes de l'hérédité monarchique tant de la part de ceux qui la combattent que souvent même par le fait de ceux qui la défendent. »

Cette lettre répondait avec solennité à la *Note sur la fusion* de Guizot remise au comte de Chambord par le duc de Noailles. Guizot y exposait le bien-fondé du régime parlementaire. Ce régime était assuré de sa durée par le rétablissement de la monarchie que les luttes parlementaires allaient rendre possible en facilitant la fusion. Par ailleurs, Guizot dénonçait une « funeste facilité d'alliance » du parti d'Henri V et des rouges contre la majorité de l'Assemblée, et rappelait que l'image de marque des légitimistes était aussi déplorable que celle des émigrés de la période révolutionnaire : « On rencontre sans cesse dans ses rangs, des prétentions, des apparences de prétentions exclusives, qui rappellent l'Ancien Régime et les anciennes luttes. »

Le comte de Chambord salua ainsi l'auteur de cette note dont il n'oubliait pas le passé politique : « Rien ne peut m'être plus précieux que ces communications d'un homme si bien placé sous tous les rapports pour juger la situation et indiquer ce qu'il convient de faire. » Mais le comte de Chambord souligna ensuite que ses dispositions et ses vues, hautement proclamées, ne variaient pas. Sans évoquer la fusion, il maintenait qu'il ne serait pas le roi d'une seule classe mais le roi ou plutôt le père de tous. « Partout et toujours je me suis montré accessible à tous les Français sans distinction de classe et de condition. Je les ai tous vus, tous écoutés, tous admis à se presser autour de moi. Vous en avez été vous-même le témoin. Comment après cela pourrait-on me soupçonner de ne vouloir être que le roi d'une caste privilégiée, ou, pour employer les termes dont on se sert, le roi de l'ancien régime, de l'ancienne noblesse, de l'ancienne cour ? »

Il poursuivit en redoutant l'instabilité de la situation politique : « J'apprécie tous les services qui ont été rendus à la patrie ; je tiens compte de tout ce qui a été fait à différentes époques, pour la préserver des maux extrêmes dont elle était et dont elle est encore menacée. »

Enfin, il appelait toutes les compétences à s'unir : « J'appelle tous les dévouements, tous les esprits éclairés, toutes les âmes généreuses, tous les cœurs droits, dans quelques rangs qu'ils se trouvent, et *sous quelque drapeau qu'ils aient combattu jusqu'ici,* à me prêter l'appui de leurs lumières, de leur bonne volonté, de leurs nobles et unanimes efforts pour sauver le pays... »

A la fin de l'année 1850, le bonapartisme progressait auprès des notables, des classes ouvrière et paysanne et même à l'Assemblée.

Les affrontements directs se produisirent l'année suivante.

L'impuissance du légitimisme parlementaire

Le 9 janvier 1851, Louis-Napoléon Bonaparte privait le général Changarnier de ses commandements. Berryer prononça un discours brillant contre cette destitution et posa la question de l'union autour de la monarchie. Pour effacer le mauvais effet de la circulaire Barthélémy, de Wiesbaden, et pour amplifier la portée du discours de Berryer, on demanda au comte de Chambord une réponse. Datée du 23 janvier 1851, elle est adressée à Berryer :

« Vous le savez, quoique j'aie la douleur de voir quelquefois mes pensées et mes intentions dénaturées et méconnues, l'intérêt de la France, qui pour moi passe avant tout, me condamne souvent à l'inaction et au silence, tant je crains de troubler son repos et d'ajouter aux difficultés et aux embarras de la situation actuelle. Que je suis donc heureux que vous ayez si bien exprimé des sentiments qui sont les miens et qui s'accordent parfaitement avec le langage, avec la conduite que j'ai tenus dans tous les temps !

« Vous vous en êtes souvenu ; c'est bien là cette politique de conciliation, d'union, de fusion, qui est la mienne, et que vous avez si éloquemment exposée ; politique qui met en oubli toutes les divisions, toutes les récriminations, toutes les oppositions passées, et veut pour tout le monde un avenir où tout honnête homme se sente, comme vous l'avez si bien dit, en pleine possession de sa dignité personnelle.

« Dépositaire du principe fondamental de la monarchie, je sais que cette monarchie ne répondrait pas à tous les besoins de la France, si elle n'était en harmonie avec son état social, ses mœurs, ses intérêts, et si la France n'en reconnaissait et n'en acceptait avec confiance la nécessité. Je respecte sa civilisation et sa gloire contemporaines autant que les traditions et les souvenirs de son histoire. Les maximes qu'il *(sic)* a fortement à cœur et que vous avez rappelées à la tribune, l'égalité devant la loi, la liberté de conscience, le libre accès pour tous les mérites à tous les emplois, à tous les honneurs, à tous les avantages sociaux, tous ces grands principes d'une société éclairée et chrétienne me sont chers et sacrés comme à vous, comme à tous les Français. »

Connu sous le nom de « lettre de Venise », ce Manifeste, selon Falloux, « replaçait l'avenir de la royauté dans sa véritable voie », d'autant plus qu'il prenait position non seulement sur la fusion mais aussi sur la gravité de la situation politique. « J'ose espérer qu'avec l'aide de tous les bons citoyens, de tous les membres de ma famille, je ne manquerai ni de courage ni de persévérance pour accomplir cette œuvre de restauration nationale, seul moyen de rendre à la

France ces longues perspectives de l'avenir, sans lesquelles le présent, même tranquille, est frappé de stérilité. »

Berryer, Saint-Priest et Benoist d'Azy furent délégués à Claremont par les légitimistes pour hâter la fusion, mais la reine Marie-Amélie ne s'engagea pas. Cette démarche ne fut connue à Frohsdorf que par les journaux. Le comte de Chambord fut surpris de ne pas avoir été averti de l'initiative de membres de son conseil parisien, initiative qui resta d'ailleurs sans effet.

Cependant les pouvoirs du Président et de l'Assemblée devaient expirer en mai 1852 et la Constitution interdisait au Président sortant de se représenter. Une campagne pour la révision de la Constitution aboutit à 11 000 signatures mais à l'Assemblée le vote n'atteignit pas la majorité des trois quarts en juillet.

La proposition fut rejetée : sur ce point encore, orléanistes et légitimistes étaient divisés.

Les républicains et les rouges voulaient rétablir le suffrage universel pour la date fatidique de mai 1852. Le Président, qui se posait en rempart de l'ordre menacé par les rouges, fit aussi figure de champion du suffrage universel en proposant à l'Assemblée d'abroger la loi du 31 mai le restreignant. L'Assemblée rejeta cette proposition en novembre 1851 et discrédita sa majorité conservatrice dans les classes populaires.

Le 19 novembre 1851, la duchesse d'Angoulême mourut à Frohsdorf. Le comte de Falloux, qui l'avait rencontrée à Venise, laissa d'elle ce portrait : « Madame la Dauphine était, si on peut s'exprimer ainsi, le pathétique en personne. La tristesse était empreinte sur ses traits et dans son attitude, mais au même degré s'y reflétaient aussi une inaltérable résignation et une inaltérable douceur. Alors même que son accent était brusque, ce qui arrivait souvent, la bonté de son intention était transparente. (...) Elle aimait à passer en revue tous les Français qu'elle avait connus. Elle se tenait exactement informée de tous les événements de famille et gardait aux moindres détails une rare fidélité de mémoire. On sentait que sa pensée revenait constamment vers les amis et vers les lieux dont l'exil la séparait. »

Marie-Thérèse d'Angoulême était profondément attachée à la personne du comte de Chambord : « Tout pour elle s'effaçait devant lui. » Une large partie de ses revenus passait en aumônes et elle ne quittait guère son ouvrage de tapisserie destiné à quelque entreprise de bienfaisance.

Le 28 octobre, le cercueil de la duchesse d'Angoulême était déposé à Goritz dans la crypte du couvent de la Castagnavizza.

Le comte de Chambord remercia ceux qui avaient pris part à son deuil de l' « hommage rendu non seulement à la double majesté de la vertu et du malheur, mais encore aux grands principes sur lesquels repose tout notre avenir ».

A Paris, la presse napoléonienne continuait à exploiter la menace du « spectre rouge » et la division de la majorité à l'Assemblée. Celle-ci repoussa un projet de loi connu sous le nom de « Proposition des questeurs », qui aurait cependant permis d'assurer sa sécurité. Le président de l'Assemblée aurait veillé à la sûreté intérieure et extérieure de la représentation nationale et aurait eu le droit de réquisitionner directement la force armée nécessaire.

Le gouvernement savait que les princes de la maison d'Orléans avaient préparé un complot militaire dans le nord de la France. Il changea le commandement de Lille et on ne parla plus de ce projet.

Rien n'arrêtait plus désormais les conjurés du coup d'État qui choisirent la date du 2 décembre, anniversaire du sacre de Napoléon (1804) et de la victoire d'Austerlitz (1805).

Dans la nuit du 1er au 2 décembre, le Président fit arrêter les députés qui auraient pu organiser une résistance dont Thiers, Changarnier, Cavaignac, Lamoricière.

Des affiches annonçaient les mesures prises. L'Assemblée était dissoute et le suffrage universel rétabli. Enfin, le peuple français était le « seul souverain que je reconnaisse en France », selon les mots de Louis-Napoléon Bonaparte dans sa proclamation. A ce titre, le peuple était invité à plébisciter son sauveur contre l'Assemblée et sa majorité royaliste.

Paris était en état de siège. Deux cent vingt députés de la majorité s'étaient réunis à la mairie du Xe arrondissement d'alors pour protester. Ils furent arrêtés et conduits à pied à la caserne du quai d'Orsay pour y être séquestrés. Ils furent relâchés peu après : ils avaient proclamé en vain la déchéance de Louis-Napoléon Bonaparte.

Une soixantaine de représentants républicains dont Victor Hugo, Schœlcher et Michel de Bourges rédigèrent un appel aux armes dans la soirée. Le lendemain on éleva des barricades dans le centre de Paris. Le ministre de l'Intérieur, Morny, attendit le 4 décembre pour lancer environ 20 000 soldats sur un millier d'insurgés et fit tirer sur la foule désarmée des Boulevards.

La province résista bien davantage mais inégalement (surtout dans la Nièvre, le Sud-Ouest et le Sud-Est). Émile Zola a décrit la fermeté de la répression touchant les paysans et les artisans du Var dans *La Fortune des Rougon*.

Après quelques dizaines de milliers d'arrestations, le plébiscite du 20 décembre 1851 donna 7 500 000 suffrages pour le Président, et 650 000 contre.

On sait par une lettre de Berryer que, le 16 décembre 1851, le comte de Chambord s'était rapproché de la frontière et se montrait prêt à entrer en France si l'occasion s'en montrait favorable. De fait, le Président parut, à tout moment, maître d'une situation qu'il avait longuement préparée. La dissolution de l'Assemblée avait désarmé les légitimistes qui attendaient eux aussi la nouvelle Constitution de la République.

« En attendant, écrivit Victor Hugo, répétons-le en

chœur : plus de parlementarisme, plus de tribune. Au lieu de toutes ces grandes voix qui dialoguaient (...), qu'est-ce qu'on entend dans cette nuit noire qui couvre la France ? le bruit d'un éperon qui sonne et d'un sabre qui traîne sur le pavé. »

V

Henri V et l'Empire

Pendant toute la durée du Second Empire, du 2 décembre 1852 au 4 septembre 1870, le comte de Chambord, toujours en exil, travailla à l'élaboration de sa théorie politique avec ses amis légitimistes et assistait, en spectateur, aux bouleversements qui agitaient l'Europe.

En 1852, le comte de Chambord, à 32 ans, voulait plus que jamais rester seul à la tête du parti légitimiste. La circulaire Barthélémy, après Wiesbaden, et la création du Bureau du roi manifestèrent très clairement sa volonté. De nombreux royalistes souhaitaient la fusion et maintenaient qu'elle devait assurer le retour de la royauté si, comme ils l'espéraient, l'Empire trouvait une fin rapide et brutale.

On sait que l'Empire, que Napoléon III avait voulu héréditaire, dura jusqu'en septembre 1870. La fusion ne se fit pas. Cet échec accentua l'opposition entre orléanistes et légitimistes, et les divergences entre les partisans de la branche aînée. Ces derniers étaient également partagés face à la consigne d'abstention. De nombreux légitimistes conservèrent ainsi des mandats locaux, notamment dans les conseils généraux.

La géographie politique de la France impériale était très variée, mais aussi mouvementée et parfois confuse. Le comte de Chambord tenait à éviter des ralliements à un « césarisme » qui représentait l'ordre, et séduisait par là les conservateurs. Il combattit ces tendances au ralliement à

Napoléon III qui le spoliait moins que Louis-Philippe. Pendant ces dix-huit années, il mit à profit son inaction forcée pour préciser un programme de gouvernement dont la décentralisation était un point essentiel.

La plus grande part de cette longue période se passa à Frohsdorf, à Venise et auprès des cours européennes où il comptait de nombreux cousins. Seul déplacement notable, son voyage en Orient, en 1861, fut tout à la fois un pèlerinage en Terre sainte sur les pas des Croisés et un voyage d'études, à des fins d'information, comme en témoigne sa rencontre avec Ferdinand de Lesseps.

En définitive, cette période est une période de réserve. Elle montre le comte de Chambord prêt à tenir son rôle au nom d'une cause sacrée et désireux de connaître dans la société française et plus généralement dans la modernité, les éléments qui pourraient concourir au succès d'une nouvelle restauration.

Le Bureau du roi

L'année 1852 est particulièrement rude pour le légitimisme. Son attachement à l'ordre et sa répugnance pour les coups de force le laissent passif devant les progrès de la République napoléonienne vers l'Empire. La Constitution délimite un très faible espace laissé à l'opposition, de quelque nature qu'elle soit.

Louis-Napoléon Bonaparte contraint les légitimistes à un retrait stoïque des affaires du pays, les renvoyant ainsi à leurs divisions propres et à l'impossible fusion des maisons d'Orléans et de Bourbon.

Le 31 décembre, Louis-Napoléon Bonaparte avait déclaré : « La France a compris que je n'étais sorti de la légalité que pour rentrer dans le droit. »

Les prisons étaient encombrées par des milliers d'opposants. Les parlementaires furent exilés (V. Hugo) ou « momentanément éloignés » (Thiers). Plus de neuf mille opposants furent envoyés en Algérie, d'autres expulsés, gardés en prison ou simplement surveillés par la police.

Le 14 janvier 1852, Louis-Napoléon Bonaparte promulgua une Constitution qui imitait celle de l'an VIII. Le pouvoir exécutif était confié à un président élu pour dix ans, rééligible, qui avait l'initiative des lois et le droit de déclarer l'état de siège. Il était responsable devant le peuple seul.

Le Corps législatif était formé de députés élus pour six ans à raison d'un député pour 35 000 électeurs dans des circonscriptions délimitées par le gouvernement. Aux élections du 29 février, il n'y eut que huit opposants élus. Tout projet de loi, tout amendement, devait être examiné par le Conseil d'État avant d'être soumis au Corps législatif qui était convoqué, prorogé, ajourné ou dissous par le gouvernement. La session annuelle était de trois mois au maximum. On ne pouvait connaître qu'un résumé de ses débats.

Le Sénat ne comptait que cent cinquante membres, de droit ou nommés à vie. Les séances étaient secrètes. Il veillait au respect de la Constitution, qu'il complétait par des sénatus-consultes.

Le succès du coup d'État confirma l'impuissance des parlementaires et rendit nécessaire la fusion. L'Assemblée étant dissoute, les légitimistes avaient perdu leur représentation ; il fallait leur donner à nouveau une organisation.

Le comte de Chambord institua un conseil et une sous-commission de six membres dite le « Bureau du roi ». Dans l'ouvrage qui porte ce titre, le marquis de Noailles donne la description de son fonctionnement.

Le conseil était présidé par le duc de Lévis lors de ses séjours à Paris, ou par le duc des Cars ou le général de Saint-Priest. Le marquis de Rainneville, M. Delavau et M. d'Escuns en faisaient partie.

A ce conseil de cinq membres, s'ajoutaient les six du

Bureau du roi : M. Chapot, avocat et ancien secrétaire de l'Assemblée législative, M. de Surville, ancien député, le comte Fernand de La Ferronnays, ancien chef de cabinet du ministère Polignac, le comte de Circourt, le marquis de La Ferté-Meun, gendre du comte Molé ; M. d'Escuns participait également aux travaux du Bureau.

Le comte de Chambord avait attribué la fonction d'exécution et de renseignement au marquis de La Ferté-Meun. « Ce service consistait à recevoir et à propager ses instructions, en cherchant à les faire suivre et mettre exactement en pratique par le parti légitimiste et surtout à humer, en quelque sorte, l'opinion publique et à lui en rendre compte. »

Le premier ministre de l'exil était le duc de Lévis, dont la fidélité à Henri V ne se démentira pas.

Les notes envoyées par la poste, entre Venise ou Frohsdorf d'une part, et Paris d'autre part, étaient chiffrées mais, la police réussissant à les décoder, il fallut recourir à une douzaine de jeunes messagers qui se relayaient. A ces « attachés », l'on remettait de nombreux plis cachetés qu'il fallait dissimuler. Le marquis de Belleval a raconté avec humour les précautions prises à cet effet :

« Le premier devoir d'un attaché étant donc de soustraire à la vigilance de la police, qui en riait dans sa barbe, la correspondance volumineuse qu'on lui confiait, chacun de nous mettait son amour-propre à se créer un système qui lui fût particulier, et qui, à l'avantage d'être ingénieux, joignît celui de ne pas copier le système du voisin. L'un portait ses lettres dans une sorte de gilet de toile fine placée entre la chemise et la peau : ce qui lui donnait un estomac d'un volume extraordinaire, l'entretenait dans une perpétuelle transpiration, et lui procurait pendant les nuits passées en chemin de fer d'épouvantables cauchemars. Un autre s'était fait confectionner un sac qu'il portait sur le dos, également entre le cuir et la chemise, et il se promenait avec une protubérance dorsale qui attirait les regards et l'attention et qui provoquait les sourires. Ce bossu volontaire était tout simplement un martyr. En chemin de fer, en diligence — il y en avait encore en ce temps-là pour franchir le Mont-Cenis, et en Lombardie dans les parties où la voie ferrée n'était pas encore terminée, notamment de Novare à Milan — il lui était interdit de s'adosser à la paroi des wagons ou de la voiture. Il ne pouvait que se placer sur le ventre ou de profil. Je laisse à penser l'excès de fatigue auquel l'infortuné arrivait par cette pratique se prolongeant quarante-huit heures durant. »

Le voyage s'effectuait le plus rapidement possible. Auprès du comte de Chambord, l'attaché avait les fonctions, pendant un mois, d'un aide de camp puis revenait en France avec promptitude.

Cette organisation, complétée par les correspondants dans les départements, permettait au comte de Chambord de se tenir informé des événements politiques et des décisons du Prince-Président.

Louis-Napoléon Bonaparte, qui avait violé le serment solennellement prêté sur la Constitution de 1848 en pleine Assemblée, exigea un serment de fidélité à la nouvelle Constitution. Les élus du Corps législatif du 29 février 1852 avaient bénéficié dans leur grande majorité de la pratique de la candidature officielle : ils devaient donner leur soutien à l'empereur, et étaient désignés et puissamment aidés par l'administration impériale. Le serment de fidélité leur posait peu de problèmes. Cette pratique de la candidature officielle et la nécessité des serments ne pouvaient convenir aux légitimistes.

Le comte de Chambord, dans une lettre datée de Venise le 27 avril 1852, leur recommanda l'abstention.

« Quelque avantage qu'il puisse y avoir à occuper des positions et des emplois qui les mettraient en rapport et en contact habituels avec les populations, ils ne doivent pas hésiter à les refuser si on voulait exiger d'eux des engagements et des promesses contraires à leurs principes, et qui ne leur permettraient pas de faire, en toutes circonstances, ce que leurs convictions leur imposent. »

Cependant, il leur assignait une double mission : étendre leur influence et « aider le gouvernement dans la lutte qu'il soutient contre les doctrines anarchiques et socialistes ; et si de nouvelles crises venaient malheureusement à éclater, ils devraient encore, ainsi qu'ils l'ont déjà fait, se montrer les plus zélés, les plus courageux défenseurs de l'ordre social.

« Tout porte à croire, continuait le comte de Chambord, qui annonçait ainsi l'Empire, que l'on tentera bientôt de faire subir un changement considérable à la forme du gouvernement. » Il demandait de « protester formellement, et par tous les moyens pacifiques », contre toute expérience tentée.

Le premier acte important du Bureau du roi fut de rédiger un projet de manifeste qui ferait connaître la position d'Henri V sur le rétablissement prévu de l'Empire. Le comte de Chambord approuva l'idée et fit parvenir un texte de sa main qui dénonçait l'illusion napoléonienne. En voici l'intégralité :

« Manifeste

« Frohsdorf, 25 octobre 1852

« Français ! En présence des épreuves de ma patrie, je me suis volontairement condamné à l'inaction et au silence. Je ne me pardonnerais pas d'avoir pu un seul moment aggraver ses embarras et ses périls. Séparé de la France, elle m'est chère et sacrée autant et plus encore que si je ne l'avais jamais quittée. J'ignore s'il me sera donné de servir un jour mon pays ; mais je suis bien sûr qu'il n'aura pas à me reprocher une parole, une démarche qui puisse porter la moindre atteinte à sa prospérité et à son repos. C'est son honneur comme le mien, c'est le soin de son avenir, c'est mon devoir envers lui qui me décident à élever aujourd'hui la voix.

« Français, vous voulez la monarchie, vous avez reconnu qu'elle seule peut vous rendre, avec un gouvernement régulier et stable, cette sécurité de tous les droits, cette garantie de tous les intérêts, cet accord permanent d'une autorité forte et d'une sage liberté, qui fondent et assurent le bonheur des nations. Ne vous livrez pas à des illusions qui tôt ou tard vous seraient funestes. Le nouvel empire qu'on vous propose ne saurait être cette monarchie tempérée et durable dont vous attendez tous ces biens. On se trompe et on vous trompe quand on vous les promet en son nom. La monarchie véritable, la monarchie traditionnelle, appuyée sur le droit héréditaire et consacrée par le temps, peut seule vous rendre en possession de ces précieux avantages, et vous en faire jouir à jamais.

« Le génie et la gloire de Napoléon n'ont pu suffire à fonder rien de stable ; son nom et son souvenir y suffiraient bien moins encore. On ne rétablit pas la sécurité en ébranlant le principe sur lequel repose le trône, et on ne consolide pas tous les droits en méconnaissant celui qui est parmi nous la base nécessaire de l'ordre monarchique. La monarchie en France, c'est la maison royale de France indissolublement unie à la nation. Mes pères et les vôtres ont traversé les siècles, travaillant de concert, selon les mœurs et les besoins du temps, au développement de notre belle patrie. Pendant quatorze cents ans, seuls entre tous les peuples de l'Europe, les Français ont toujours eu à leur tête des princes de leur nation et de leur sang. L'histoire de mes ancêtres est l'histoire de la grandeur progressive de la France, et c'est encore la monarchie qui l'a dotée de cette conquête d'Alger, si riche d'avenir, si riche déjà par les hautes renommées militaires qu'elle a créées, et dont la gloire s'ajoute à toutes vos gloires.

« Quels que soient sur vous et sur moi les desseins de Dieu,. resté chef de l'antique race de vos rois, héritier de cette longue suite de monarques, qui durant tant de siècles ont incessamment accru et fait respecter la puissance et la fortune de la France, je me dois à moi-même, je dois à ma famille et à ma patrie, de protester hautement encore contre des combinaisons mensongères et pleines de dangers. Je maintiens donc mon droit qui est le plus sûr garant des vôtres, et, prenant Dieu à témoin, je déclare à la France et au monde que fidèle aux lois du royaume et aux traditions de mes aïeux, je conserverai religieusement jusqu'à mon dernier soupir le dépôt de la monarchie héréditaire dont la Providence m'a confié la garde, et qui est l'unique port de salut où, après tant d'orages, cette France, objet de tout mon amour, pourra retrouver enfin le repos et le bonheur. »

Ce Manifeste, daté du 25 octobre, ne pouvait pas être publié dans les journaux depuis le coup d'État et le décret sur la presse du 15 février 1852. Il fut donc imprimé en divers points de la frontière à 50 000 exemplaires et posté dans toute la France. Le gouvernement affecta de ne pas s'inquiéter et le fit publier dans *Le Moniteur universel* du 15 novembre suivant, une semaine avant le plébiscite, avec ce commentaire : « Il est regrettable de voir un prince qui supporte si noblement son infortune arriver ainsi, par un sentiment exagéré de ce qu'il croit être son devoir, à nier le droit du peuple à choisir son gouvernement. »

Le 28 octobre, le Bureau du roi fit parvenir aux légitimistes les Instructions du comte de Chambord, qui, confirmant la lettre du 27 avril, prescrivaient la protestation pacifique, l'abstention aux élections et la renonciation aux fonctions publiques.

L'Empire n'était que le résultat de « manœuvres de l'ambition et de l'égoïsme » et resterait un épisode infructueux : « Ce ne sera qu'une dissension de plus au milieu de nous, et une complication de plus dans nos destinées ; il n'en peut sortir que la violation des lois et l'arbitraire. »

L'ambition de Louis-Napoléon Bonaparte allait être couronnée. Le sénatus-consulte du 7 novembre 1852 rétablissait la dignité impériale au profit de Napoléon III. Lors du plébiscite, le 21 novembre 1852, il fut approuvé par 7 389 000 « oui ». Plus de 2 millions d'abstentions représentaient une part de l'électorat royaliste.

Le 2 décembre 1852, Napoléon III était empereur héréditaire des Français. Un sénatus-consulte lui confia le pouvoir absolu.

Le renoncement des légitimistes aux mandats législatifs ou municipaux et aux fonctions publiques ne fut pas acquis d'emblée : certaines fonctions exercées depuis 1848 avaient tant bénéficié à la cause ; enfin, le parti légitimiste, qui ne voulait pas croire à la longévité de l'Empire, se souvenait d'être resté à l'écart des affaires pendant les dix-huit années du règne de Louis-Philippe.

Quoi qu'il en soit, la consigne fut suivie assez constamment pendant près de vingt ans. Elle ne fut discutée qu'à l'occasion d'élections ultérieures.

L'échec de la fusion

L'union de la famille royale restait une des préoccupations importantes. De 1853 à 1856, on crut que le rétablissement des rapports familiaux était un gage d'alliance politique. L'illusion disparut en 1857, laissant un vif désaccord à propos du drapeau. Blanc ou tricolore, l'alternative symbolisa deux fidélités.

Au printemps 1852 les princes d'Orléans avaient délégué le comte de Jarnac à Frohsdorf. Il était porteur d'un mémorandum développant trois points préalables et d'une lettre du duc de Nemours qui ne serait remise au comte de Chambord qu'à la condition d'un accord sur les trois points.

Le comte de Chambord était invité à admettre le caractère constitutionnel de la monarchie à venir, à adopter le drapeau tricolore et enfin à reconnaître le règne du roi

Louis-Philippe. A son arrivée, le 12 juin 1852, le messager fut d'abord reçu par La Ferronnays qui déclara à propos du drapeau tricolore que « le Prince ne pouvait admettre aucun intermédiaire entre la France et lui ».

Le mémorandum reconnaissait la « garantie tutélaire du principe héréditaire » en la personne d'Henri V mais imposait des conditions. Le comte de Chambord ne les toléra pas et répondit qu'il attendait une visite de ses cousins en personne. La question du drapeau était réservée : le comte de Chambord n'avait jamais arboré de cocarde « pour ne pas avoir à en changer ». La démarche de la maison d'Orléans fut perçue comme un ultimatum à Frohsdorf et les princes d'Orléans accusèrent d'intransigeance l'aîné des Bourbons.

Les légitimistes souhaitaient la reprise des négociations et chargèrent le comte Molé de représenter au comte de Chambord l'urgence d'une issue rapide : « La réconciliation des deux branches de la maison de Bourbon sera-t-elle ou non consommée et connue de tout le monde, avant que les événements mettent la France sur la voie de se donner un nouveau gouvernement ? »

Le silence des princes amena certains conservateurs à se rapprocher de l'Empire et laissa prévoir d'autres défections.

Une visite du duc de Nemours à Frohsdorf le 17 novembre 1853 donna, illusoirement, tous les motifs de satisfaction au comte de Chambord. Un prince d'Orléans s'était déplacé en personne, sans mémorandum, et parlait au nom de ses frères. « Le but de nos vœux serait de voir, sous l'égide de l'aîné de notre race, notre pays doté de toutes les garanties qu'il peut souhaiter pour sa stabilité, son bonheur et sa dignité. C'est au triomphe et à la défense d'une telle cause que nous voulons consacrer toutes les forces dont il dépendra de nous de disposer. »

Le comte de Chambord crut l'union suffisamment scellée. Il rendit visite au duc de Nemours à Vienne le 21 novembre.

D'autres rencontres suivirent, où l'on évoqua tous les sujets à l'exception cependant des questions politiques.

En décembre 1854, le comte de Chambord envoya en vain à Claremont M. Chapot, membre de son Bureau. Près d'un an plus tard, à l'occasion de la maladie de la reine Marie-Amélie, le comte de Chambord manifesta par une lettre qui ne lui donnait pas le titre de reine le désir de se rendre auprès d'elle.

En avril 1856, la reine étant rétablie, le comte de Chambord rencontra, à Nervi, la famille d'Orléans.

Il publia une lettre écrite à l'occasion de la mort de M. de Salvandy qui contenait une allusion à ce qu'il croyait être « la réconciliation désirée, qui s'est enfin heureusement accomplie ». Le malentendu éclata. Un échange de correspondance se conclut par cette lettre signée par le duc de Nemours et datée du 24 janvier 1857. Elle évoquait l'entrevue de 1853 sans conditions ni engagement, et rappelait les conditions qui, n'étant pas remplies, rendaient inévitable la rupture :

« En vous exprimant notre désir sincère de voir la France vous appeler un jour au trône, en vous parlant de notre volonté de consacrer dans l'occasion tous nos efforts à obtenir ce résultat, je ne vous offrais pas un concours aveugle et indéfini. Un accord préalable devait nécessairement en déterminer les conditions. Ces conditions, de notre côté, se seraient résumées en trois points principaux que nos convictions, comme le respect dû au passé de notre famille, nous commandent de ne jamais abandonner : 1º le maintien du drapeau tricolore, qui est aujourd'hui aux yeux de la France le symbole du nouvel état de la société et le résumé des principes consacrés depuis 1789 ; 2º le rétablissement du gouvernement constitutionnel ; 3º le concours de la volonté nationale à ce rétablissement ainsi qu'au rappel de la dynastie.

« De ces trois points, le premier seul a été abordé avec vous, lors de votre visite à Nervi, et le résultat de notre

147

entretien a été tel que j'ai dû vous faire connaître que, aussi longtemps que ce point resterait indécis, toute communauté entre vous et nous était impossible. Aujourd'hui cette situation, à notre très grand regret, ne s'étant pas modifiée, et l'idée même d'une entente préalable étant repoussée par vous, il ne nous reste plus qu'à mettre un terme à des tentatives d'accord devenues inutiles. »

Voici la réponse du comte de Chambord à son cousin, datée du 5 février 1852 à Venise. Après avoir témoigné de sa tristesse et de ses regrets, il donnait ses vues sur la réconciliation qu'il croyait accomplie :

« Pour justifier mon espérance, pour rendre notre union digne et efficace tout ensemble, il ne fallait que deux choses qui étaient bien faciles : rester, de part et d'autre, également convaincus de la nécessité d'être unis ; nous vouer une confiance inébranlable en nos mutuels sentiments. Je n'ai pas douté de votre dévouement aux principes monarchiques ; personne ne peut mettre en question mon attachement pour la France, mon respect de sa gloire, mon désir de sa grandeur et de sa liberté. Ma sympathique reconnaissance est acquise à ce qui s'est fait pour elle, à toutes les époques, de bon, d'utile et de grand. Ainsi que je n'ai cessé de le dire, j'ai toujours cru et je crois toujours à l'inopportunité de régler dès aujourd'hui, et avant le moment où la Providence nous en imposerait le devoir, des questions que résoudront les intérêts et les vœux de notre patrie. Ce n'est pas loin de la France et sans elle qu'on peut disposer d'elle. »

Cette dernière phrase sonne comme la maxime de l'aîné des Bourbons en exil et justifia une tenace légende d'attentisme. Le comte de Chambord n'avait cependant pas souhaité cette rupture et ne se résignait pas à la croire définitive. Les dernières lignes de cette lettre le prouvent : « Je n'en conserve pas moins ma conviction profonde que c'est de l'union de notre maison et dans les efforts communs de tous les défenseurs des institutions monarchiques que la France trouvera un jour son salut. Les plus douloureuses épreuves n'ébranleront pas ma foi. »

L'échec de cette fusion, qui comblait quelques puissances européennes, s'était accompli sans la participation du comte de Paris. Or, il venait d'atteindre sa majorité. La maison d'Orléans voulait-elle le tenir à l'écart de décisions qui pouvaient hypothéquer l'avenir ? Sans doute.

Après de nouvelles tentatives infructueuses, la réconciliation se fit enfin, près de vingt ans plus tard, après la chute de l'Empire. Les deux protagonistes, le comte de Chambord et le comte de Paris, se rencontrèrent le 5 août 1873, et réalisèrent l'union de leurs maisons. Mais cela ne suffisait pas à rétablir la royauté.

La souveraineté selon Henri V

Le comte de Chambord n'a pas laissé de traité politique, ni même un ensemble de textes décrivant exhaustivement ses choix. Cependant il a écrit de nombreuses lettres qui témoignent de ses réactions aux événements et sont nourries par ses lectures. Ses écrits furent ses actes. En dehors des Manifestes, réservés aux moments graves, le comte de Chambord a utilisé le moyen des lettres pour diffuser ses prises de position, des « lettres, de ces feuilles volantes et vraies comme la parole et qui restent », disaient les publicistes qui préfacèrent en 1859 un recueil de sa correspondance.

La doctrine qui s'est ainsi élaborée au fil des années frappe parfois par un libéralisme qui n'est qu'apparent, et toujours par la force des idéaux traditionnels de la monarchie catholique. Pour comprendre cette doctrine, il faut revenir à la théorie de la souveraineté.

La souveraineté tient son origine de Dieu et trouve son modèle dans la figure du père.

La conviction du comte de Chambord, maintes fois affirmée, est qu' « hors de la monarchie, il n'y a ni repos, ni grandeur, ni prospérité durable » et qu'il faut réaliser « l'alliance si désirée d'une autorité forte et d'une sage liberté ».

L'autorité forte est l'autorité royale dont il maintient l'origine divine.

Sur l'origine divine de l'autorité royale comme de toute autorité, on sait qu'il interprète saint Paul : « *non est potestas nisi a Deo* », « il n'y a pas d'autorité qui ne vienne de Dieu ». Ainsi, celui qui résiste à l'autorité s'oppose à l'ordre que Dieu a établi ; et ceux qui s'y opposent attireront sur eux le jugement. »

L'autorité de droit divin est l'autorité absolue, qui n'est sujette à aucune autre puissance qu'à celle de Dieu dont elle dépend.

Il ne peut y avoir de souveraineté populaire puisqu'il y a identité du souverain et de l'État, et que la souveraineté n'est pas plus divisible que le point en géométrie, disait-on au XVIIe siècle.

Cependant les princes, s'ils gouvernent les peuples, les gouvernent selon leur intérêt qui n'est que l'intérêt général.

Le comte de Chambord souhaite l'autorité et non le pouvoir, qu'il laisse à l'empereur. Il se bat pour un principe et non pour lui-même. Aussi ne parle-t-il que de la « cause du droit », la « cause sacrée de la religion et de la patrie ». Lui-même se tient donc au service d'une cause éternelle, et « consacrée par le temps ».

Deux arguments viennent naturellement sous sa plume. L'un renvoie aux deux dimensions du temps et de l'espace : temps de l'histoire et espace français. Le temps est celui de la durée de la monarchie appuyée sur le droit héréditaire, de la coïncidence de l'histoire de France et de celle de ses rois toujours français. « Pendant quatorze cents ans, seuls entre tous les peuples de l'Europe, les Français ont toujours eu à leur tête des princes de leur nation et de leur sang. »

Le second argument est lié au premier ; l'expansion de la France monarchique constitue sa grandeur : « L'histoire de mes ancêtres est l'histoire de la grandeur progressive de la France. Et c'est encore la monarchie qui l'a dotée de cette conquête d'Alger. »

La restauration ne saurait se faire par intérêt personnel. Dans les lettres du comte de Chambord se manifeste un amour de la France qui s'accomplit dans la disparition de sa personne :

« Ma personne n'est rien, mon principe est tout. »

Une lettre de 1853, adressée au duc de Lévis, résume la mission que lui impose sa naissance : « Conserver loyalement à mon pays et transmettre intact à mes successeurs le principe de l'autorité royale et traditionnelle, seule base de la monarchie vraie, forte et tempérée à laquelle un jour, j'en ai le ferme espoir, la France voudra confier elle-même de nouveau ses destinées. »

Cette mission demande de la constance et de la fermeté. Pour le reste, poursuit le comte de Chambord, « je dois d'ailleurs garder entière mon initiative. D'après les règles de conduite que j'ai suivies, sur le terrain libre où je me suis placé en m'abstenant de tout signe extérieur de royauté, je ne connais aucune question qui ne puisse être résolue suivant les circonstances et les besoins du pays, ni aucune difficulté qui ne puisse être surmontée honorablement par tous ».

Il est vrai que, dans l'exil, Henri V s'est toujours abstenu d'agir en roi. Il avait fait savoir qu'il ne voulait jamais devenir, « dans un intérêt personnel, une occasion de troubles ou de malheurs pour la France ».

Condamnant ses fidèles à l'abstention et évitant de risquer de troubler l'ordre public, il ne pouvait inspirer de crainte à l'empereur.

On ne trouve jamais de récriminations ni de plaintes ni d'emportement contre Louis-Philippe et Napoléon III qui avaient usurpé le trône. Le prince de Faucigny-Lucinge avait rapporté, on s'en souvient, les réactions du comte de Chambord à l'annonce de la chute de la monarchie de Juillet.

Les seuls moments où le comte de Chambord disait regretter de n'être pas en France — et il n'y pouvait rentrer qu'en roi — étaient ceux où il y avait des victimes d'une catastrophe à secourir. Parmi de multiples exemples, voici deux extraits de messages accompagnant l'envoi de secours lors d'inondations dans le Sud de la France. Le 16 juin 1856, au duc de Lévis : « C'est surtout dans ces circonstances que je souffre cruellement de me voir retenu loin de mon pays, de ne pouvoir voler au secours de cette multitude d'infortunés, et de n'avoir à ma disposition que des ressources trop limitées pour qu'il me soit possible de contribuer, aussi efficacement qu'il le faudrait et que je le désirerais, à relever tant de ruines et à soulager tant de misères. »

Le 22 octobre 1857 : « Que n'ai-je à ma disposition les ressources nécessaires au soulagement de tant d'infortunes ! Que ne puis-je aller moi-même porter à ces populations affligées les secours et les consolations que réclament leurs souffrances ! C'est là, vous le savez, une des privations qui me rendent plus sensibles encore les peines de l'exil et la longue absence de ma patrie. »

Le comte de Chambord, dans ces deux lettres, disait avoir le « cœur brisé ». Cette habitude de donner l'aumône, de distribuer des secours, qu'il partage avec la comtesse de Chambord, témoigne de ses « intentions paternelles » ; nous dirions aujourd'hui paternalistes. En fait, il ne s'agit pas tant de paternalisme que de l'affirmation politique d'une autre qualité de l'autorité royale. Bossuet, dans *La Politique tirée de l'Écriture Sainte,* en dénombrait quatre : l'autorité royale était sacrée, paternelle, absolue et soumise à la raison.

Le roi est un père. Il ne peut réclamer ou conquérir par

un coup de force le rétablissement d'un titre qu'il ne peut avoir perdu. On comprend qu'il ne puisse pas davantage se soumettre à une élection. Il doit lui suffire de paraître, d'être acclamé et proclamé roi. Ainsi, le comte de Chambord attendait-il que la France prononçât son nom.

Ces deux autres caractères de l'autorité royale selon Bossuet (« absolue » et « soumise à la raison ») ne pouvaient être conservés, sans explication, dans un pays qui avait fait des révolutions au nom de *la* liberté. Il a toujours protesté contre l'accusation d'absolutisme, mais il souhaitait l'alliance d'une autorité forte et d'*une sage liberté*. La politique de l'Empire lui a donné l'occasion de préciser sa doctrine des libertés.

Le roi, garant des libertés

« Le nouvel empire qu'on vous propose ne saurait être cette monarchie tempérée et durable dont vous attendez tous ces biens », proclamait le comte de Chambord dans l'important Manifeste d'octobre 1852. « Je maintiens donc mon droit qui est le plus sûr garant des vôtres. » En réponse à l'invention de *la liberté* politique, il propose d'instaurer *des* libertés sociales et collectives et la sécurité de tous les droits.

Ce programme fut élaboré essentiellement par le comte de Chambord, qui prenait conseil auprès de ses amis mais décidait seul des directions à prendre.

L'accusation d'absolutisme revenait périodiquement, non seulement chez les républicains mais même, on l'a vu, chez les légitimistes depuis la diffusion de la circulaire Barthélémy de Wiesbaden. Le comte de Falloux critiqua successivement le Bureau du roi, la consigne d'abstention et les illusions chambordistes sur l'état de l'opinion.

La création du Bureau du roi, qui n'était qu'un bureau de

renseignements, affligea le comte de Falloux, qui souhaitait vivement qu'il fût au moins un bureau de propagande active. Il défendait ainsi l'action des légitimistes en France qui pouvaient exercer une influence réelle pour préparer le pays à la restauration de la royauté.

Selon lui, la consigne d'abstention privait, pour les mêmes raisons, Henri V d'actions concrètes et efficaces. La tactique était habile, puisque cette abstention privait aussi l'empereur de compétences éprouvées dans l'administration, et elle ne manquait pas de dignité. Mais Falloux pensait aussi aux jeunes générations : cette consigne enlevait les jeunes légitimistes aux fonctions électives, « à l'émulation, au besoin d'estime, à l'habitude du travail qu'infiltre nécessairement toute occupation, quelque modeste qu'elle soit ! »

Le comte de Falloux accusait ainsi Henri V de sacrifier la société entière : « Vous ne vous préoccupez que d'affaiblir celui qui règne, et moi, je ne me préoccupe que de refaire une nation sur laquelle on puisse régner. Vous n'envisagez, en ce moment, que l'avènement d'une nouvelle dynastie usurpatrice et je ne me préoccupe, moi, que de la reconstitution des hiérarchies, des classes, des vertus, qui doivent survivre à la dynastie qui vous effraye. Vous croyez sauver la moralité de l'aristocratie française en la préservant du contact journalier des révolutions, et je crois, moi, que ce n'est que par ce contact, qu'elle peut devenir apte à les comprendre, capable et digne de les dominer. »

Falloux croyait pouvoir noter chez Henri V une transformation après 1852 : « Je ne crois pas qu'avant le Deux Décembre, le Prince fût un libéral très avancé, mais il pratiquait, vis-à-vis de son propre parti, le régime parlementaire dans une assez large mesure pour donner à penser que, sur le trône, il le pratiquerait aussi sans trop de répugnance. Après le Deux Décembre, il sembla démasquer, à son tour, un certain absolutisme... »

Cette critique semble injuste. Le comte de Chambord n'avait pas d'autre modèle à prendre que celui des rois qui l'avaient précédé. Il est exact cependant que le maintien de la souveraineté royale contrecarrait ou au moins contredisait l'action de nombreux légitimistes qui tenaient leur force d'être des parlementaires. Henri V ne pouvait tolérer aucune compromission avec des hommes qui tendaient à se rallier en entrant dans un rouage quelconque de l'administration impériale et ainsi se compromettaient (on parlait, dans l'entourage de l'exilé, d' « indulgence pour la révolution »).

Par ailleurs, le comte de Chambord était lassé des divisions et des intrigues des légitimistes qui l'inquiétaient. Il se replia donc dans une sorte d'isolement qui se confortait d'une confiance solide dans sa popularité en France.

Le comte de Falloux donna de cette nouvelle attitude du comte de Chambord une interprétation qui, pour perfide qu'elle fût, tenait compte de cette confiance et même d'un abandon de la France à son roi :

« Il ne se rendait pas compte que la France accorderait aux descendants de Bonaparte, organisateur de la société moderne, ce qu'elle refuserait à la maison des Bourbons, forcément liée au souvenir de l'Ancien Régime. Attendre des masses populaires, pour le chef de la royauté traditionnelle, le même attrait et le même abandon que pour un rejeton de la race qui, par le Code civil, a implanté l'égalité dans les mœurs, serait la plus décevante des illusions. »

Pour justifier cette confiance, le comte de Chambord fait connaître des positions qui doivent le distinguer à la fois de la monarchie de Juillet et de la dictature napoléonienne, mais qui tiennent compte des aspirations nouvelles de la société française.

La première question à résoudre pour un pays qui garde un mauvais souvenir de l'Ancien Régime est celle de la liberté individuelle. Fidèle à sa conception de la souveraineté, le comte de Chambord y répond par l'honnêteté et la moralité des dépositaires du pouvoir royal : « Vous savez ce que je pense de la liberté individuelle et des garanties que le sentiment public réclame contre l'arbitraire. C'est surtout dans le respect des lois, dans l'honnêteté et la moralité des dépositaires du pouvoir, que sont les véritables et les plus sûres garanties de ce droit essentiel ainsi que de tous les autres. »

Le comte de Chambord a évoqué à plusieurs reprises la liberté d'association. Deux textes importants, cette même lettre de 1855, et une autre écrite dix ans plus tard, montrent le chemin parcouru :

« Quant aux associations ouvrières, elles ont pris, depuis plusieurs années, un développement qui n'a point échappé à mon attention. En se formant dans des idées d'ordre, de moralité, d'assistance mutuelle, en régularisant leur existence sous l'autorité tutélaire des lois, et en évitant, avec les abus du monopole qui, à une autre époque, amenèrent la suppression des anciens corps de métiers, tout ce qui pourrait en faire des instruments de troubles et de révolutions, les associations constitueront de plus en plus des intérêts collectifs sérieux qui auront naturellement droit à être représentés et entendus pour pouvoir être efficacement protégés. (...) Vous ne pouvez douter que mes plus vives sympathies ne soient acquises d'avance à tout ce qui tendra à l'amélioration du sort des classes laborieuses. »

La sympathie pour les associations ouvrières se double d'une crainte des sociétés secrètes qui pourraient diffuser des idées républicaines.

A la fin de l'été 1862, le comte de Chambord s'était rendu à Londres à l'occasion de l'Exposition universelle où une délégation ouvrière venant de Paris s'était fait entendre. A leur retour, leurs rapports, publiés, demandent le droit de coalition et d'association qui existait en Angleterre. Le 25 mai 1864 avait paru la loi sur les coalitions donnant le droit de grève. Les nombreuses grèves des années 1864, 1865 et 1875 imposèrent de nouvelles concessions. Enfin, le 28 septembre de la même année avait vu la fondation de la première Association internationale des travailleurs à Londres.

C'est dans ce contexte rappelé par le comte de Chambord qu'il rédigea la *Lettre sur les ouvriers* du 20 avril 1865 : « L'opinion publique a le pressentiment d'une crise prochaine. Les ouvriers le partagent, et l'expression de leurs vœux après l'exposition de Londres suffit pour nous en convaincre. »

Avant de proposer un remède, le comte de Chambord donna un résumé des initiatives royales puis des erreurs révolutionnaires de l'Assemblée constituante.

« La liberté du travail fut proclamée, mais la liberté d'association fut détruite du même coup. De là cet individualisme dont l'ouvrier est encore aujourd'hui la victime. Condamné à être seul, la loi le frappe s'il veut s'entendre avec ses compagnons, s'il veut former pour se défendre, pour se protéger, pour se faire représenter, une de ces unions qui sont de droit naturel, que commande la force des choses, et que la société devrait encourager en les réglant.

« Aussi, cet isolement contre nature n'a pu durer. Malgré les lois, des *associations,* des *compagnonnages,* des *corporations* se sont rétablis ou maintenus. On n'a réussi qu'à les forcer de se réfugier dans l'ombre du mystère, et l'individualisme prescrit a produit les sociétés secrètes, double péril dont soixante ans d'existence ont révélé toute l'étendue. L'individu, demeuré sans bouclier pour ses intérêts, a été de plus, livré en proie à une concurrence sans limites, contre laquelle il n'y a eu d'autres ressources que la *coalition* et les *grèves.* Jusqu'à l'année dernière, ces *coalitions* étaient passibles de peines sévères qui tombaient sur les ouvriers les plus capables et les plus honnêtes, que la confiance de leurs camarades avait choisis comme chefs ou comme mandataires. »

Le comte de Chambord considéra que cette loi qui transformait en droit la coalition sans indiquer sa portée ni son usage devait être complétée. Voici ses propositions :

« En un mot, ce qui est démontré, c'est la nécessité d'associations volontaires et libres des ouvriers pour la défense de leurs intérêts communs. Dès lors, il est naturel que dans ces associations il se forme sous un nom quelconque des *syndicats,* des *délégations,* des *représentations,* qui puissent entrer en relation avec les patrons ou les syndicats de patrons pour régler à l'amiable les différends relatifs aux conditions de travail, et notamment au salaire. Ici, la communauté d'intérêts entre les patrons et les ouvriers sera une cause de concorde, et non d'antagonisme. La paix et l'ordre sortiront de ces délibérations, où, selon la raison et l'expérience, figureront les mandataires les plus capables et les plus conciliants des deux côtés. Une équitable satisfaction sera ainsi assurée aux ouvriers ; les abus de la concurrence seront évités autant que possible, et la domination du privilège industriel resserrée en d'étroites limites. »

Il veut donc limiter le pouvoir des chefs d'industrie, ce qu'il appelle le *privilège* industriel « qui, tenant dans ses mains l'existence des ouvriers se trouvait investi d'une sorte de domination qui pourrait devenir oppressive ». Cette domination, on le sait, était effectivement oppressive, comme le montrent les tableaux de la misère ouvrière au XIXᵉ siècle.

Le comte de Chambord se défiait des industriels et du grand patronat, autrement dit de la bourgeoisie. L'aristocratie française était encore terrienne, ce qui ne veut pas dire ennemie du progrès : on lui doit, par ses expérimentations, une part de l'amélioration des résultats de l'agriculture au XIXᵉ siècle.

Dans la même lettre, le comte de Chambord dénonçait d'ailleurs l'insuffisance de la protection sociale : « Les intérêts moraux et matériels des classes ouvrières sont encore grandement en souffrance. »

Le droit syndical apparaît, dans ce texte, comme un des moyens de préserver l'autorité politique et la paix sociale.

« L'autorité publique n'aura rien à craindre, car, en sauvegardant les droits d'autrui, loin d'abandonner les siens, elle en maintiendra au contraire l'exercice avec la haute influence, comme avec les moyens de force et de précautions qui lui appartiennent. Toute réunion devra être accessible aux agents du pouvoir. Aucune ne se tiendra sans une déclaration préalable, et sans que l'autorité, si elle le juge à propos, ait la faculté d'être présente. Les règlements devront lui être communiqués, et elle aura soin que jamais le but et l'objet des réunions ne puissent être ni méconnus ni dépassés. Laissant une entière liberté aux débats et aux transactions, elle n'interviendra qu'amiablement, et à la demande des deux parties, pour faciliter leur accord. Elle sera toujours en mesure de réprimer sévèrement les troubles, les manœuvres et les désordres. Des commissions mixtes, des syndicats de patrons et d'ouvriers pourront se rassembler sous son égide pour entretenir les bons rapports, et prévenir ou vider les différends. »

Enfin, le comte de Chambord pensait, mais le mot est mal choisi, à des corporations libres de préférence aux corporations obligatoires de jadis. « Ces corporations pourraient entrer dans l'organisation de la commune et dans les bases de l'électorat et du suffrage. »

La question de la décentralisation est, avec la question ouvrière, une des préoccupations majeures du comte de Chambord : ces deux points sont liés parce qu'ils proposent une solution pour la représentation des Français et l'exercice de leurs droits. Après 1830, la décentralisation fut l'une des aspirations fortes des royalistes. L'un d'eux, Béchard, dénonçait la centralisation : « L'organisation sociale n'offre en quelque sorte que les intérêts individuels aux prises avec le pouvoir », et « La société n'est plus qu'une agrégation inorganique et tumultueuse d'éléments désordonnés ».

A plusieurs reprises, le comte de Chambord avait demandé ou encouragé des études sur ce point. En 1862, il jeta quelques grandes lignes de ce projet, « conforme à l'esprit d'égalité, c'est-à-dire de justice distributive » :

« Décentraliser l'administration largement mais progressivement et avec prudence, sans lui enlever l'initiative et la sécurité qu'elle doit à la tutelle de l'État, et en tenant compte des éléments qui existent comme de ceux qui se formeront ; la rendre plus expéditive, plus simple, moins dispendieuse, plus équitable, parce qu'elle resterait étrangère à des combinaisons politiques désormais inutiles, ce serait un grand bienfait pour le pays ; mais, j'en ai la ferme conviction, vos études prouveront que, même sur le terrain social et politique, la décentralisation ne produirait pas de moins précieux avantages. En effet quel moyen plus puissant et plus en harmonie avec nos mœurs et les faits contemporains, pour établir à la longue au milieu de nous une hiérarchie naturelle, mobile, conforme par conséquent à l'esprit d'égalité, c'est-à-dire de justice distributive, qui est aussi nécessaire au maintien de la liberté qu'à la direction des affaires publiques ? Multiplier et mettre à la portée de chacun des occasions d'être utile en se consacrant selon ses facultés à l'administration des intérêts communs, faire que les rangs dans la société soient distribués suivant les capacités et les mérites, entretenir par un concours incessant l'émulation du dévouement, de l'intelligence et de l'activité dans des carrières constamment ouvertes à tous, et arriver ainsi à ce que l'influence et les distinctions se perpétuent avec les services rendus, c'est là ce que l'on peut légitimement se promettre de la décentralisation. »

L'importante lettre du 30 janvier 1865 revient sur ce premier texte à des fins presque polémiques :

« La décentralisation est une de nos doctrines. Nous avons été les premiers et longtemps les seuls à la proclamer et à la soutenir contre des résistances et des obstacles sans nombre. Aujourd'hui elle est acceptée partout. Ne la laissons ni confisquer ni fausser. »

Le comte de Chambord agit ici, comme pour la question ouvrière, au nom de l'autorité, fondée sur des institutions libres et justes contre l'arbitraire fondé sur l'injustice et facteur de désordre.

« S'il est vrai que l'alliance si désirable de l'autorité et de l'ordre avec la liberté ne peut être fondée d'une manière stable et durable que sur la base du droit, il est également vrai que l'arbitraire corrompt fatalement et finit par tuer l'autorité, qui trouve au contraire ses garanties et sa force dans les institutions libres dont elle est entourée. »

Machiavélisme du prince ou fatalisme ? La générosité royale semble subitement s'expliquer par le mouvement démocratique menaçant la stabilité de l'ordre. Il faut bien « organiser la démocratie qui gagne toujours du terrain et préserver ainsi l'ordre social des dangers dont elle la menace ».

La décentralisation permettrait un meilleur fonctionnement du gouvernement représentatif : « De là comme des entrailles de la nation, sortiraient des assemblées politiques, véritable représentation du pays, qui aideraient le gouvernement à remplir sa haute mission, en lui apportant avec leur utile concours, un contrôle aussi intelligent que dévoué qui serait une force de plus, sans pouvoir être jamais un obstacle ou un péril. »

Sur ces deux points, question ouvrière et décentralisation, on voit Henri V, par ses lettres, s'opposer à Napoléon III, dans ses actes. Il juge durement ce que l'empereur a fait : « Tout ce qui a été tenté jusqu'ici est à peu près illusoire. C'est un déplacement d'attributions ; ce n'est ni une diminution d'arbitraire, ni une restitution de libertés. » Il est vrai que l'administration impériale était assez efficacement centralisée.

Dès le 25 mars 1852, les préfets qui avaient déjà un rôle

considérable eurent des compétences encore étendues. Ils représentaient l'empereur dans le département, mais il ne s'agissait nullement de décentralisation, car ils n'en restaient pas moins sous la tutelle du gouvernement. Quant aux maires, élus sous la Seconde République, ils étaient nommés par le gouvernement dans les communes de plus de trois mille habitants.

D'autres questions ont été abordées par le comte de Chambord : l'enseignement, l'Algérie, le service militaire, l'agriculture, l'industrie et le commerce.

Pour les deux premières questions, il suffit de dire qu'il approuvait la loi Falloux et désapprouvait les mesures prises pendant l'Empire. Exacte antithèse de Jules Ferry, le comte de Chambord écrivait en 1865 :

« Surtout préservons les classes populaires du joug tyrannique de l'instruction obligatoire qui achèverait de ruiner l'autorité paternelle, et d'effacer les dernières traces du respect dans la famille et dans l'État. »

De 1863 à 1869, Victor Duruy, ministre de l'Instruction publique, ne put faire admettre le principe de l'obligation scolaire, mais développa considérablement l'enseignement primaire. Son importante loi du 10 avril 1867 rendait obligatoire la création d'une école de filles dans toute commune de plus de cinq cents habitants. Cette mesure heurta les congrégations, qui avaient un quasi-monopole de l'éducation des filles.

La conquête de l'Algérie avait été la dernière entreprise de Charles X et la « dernière page de l'histoire militaire des annales de la monarchie ». « Sur cette terre d'Afrique où Saint Louis est venu mourir », elle ouvrait « un nouveau champ à l'activité nationale et de nouvelles routes à la civilisation chrétienne. »

Ces lignes extraites d'une lettre à Alfred Nettement du

31 mars 1856, remercient l'auteur de *La Conquête d'Alger,* et annoncent l'importante lettre du 30 janvier 1865 :

« L'Algérie est un don de la monarchie. En se retirant sur la terre étrangère où elle emportait avec elle le droit, la justice et la liberté, la monarchie laissait à la France cette merveilleuse conquête dont le plus pur rayon de la gloire militaire relevait encore l'éclat. »

Le comte de Chambord déplorait que la colonisation et même la soumission ne soient pas complètes : « ... la conquête n'a-t-elle plus rien à accomplir ? A-t-elle réussi à s'assimiler les populations vaincues ? Les a-t-elle pliées définitivement à une obéissance sans retour ? » Il dénonce les retards des travaux publics, le faible nombre d'écoles, les entraves au commerce, à l'industrie et surtout à l'apostolat chrétien (« là où autrefois cent évêchés fleurissaient, on n'en compte aujourd'hui qu'un seul »).

Si le comte de Chambord n'a pas précisé quelles seraient les modalités ni du suffrage universel auquel il pensait, ni du rôle des Chambres, et notamment de la Chambre des pairs, il semble avoir tenu compte de l'état de l'opinion. Le Bureau du roi, très actif pendant l'Empire, le renseignait de façon détaillée. Ses lectures, les avis qu'il sollicitait contribuèrent sans doute à le mettre à même d'élaborer jusqu'à un plan de gouvernement.

Sur la question de la politique extérieure, le comte de Chambord se déclarait très réservé. Grâce à ses liens de parenté avec nombre de souverains européens, il était bien informé. A deux reprises, il sortit de sa discrétion ordinaire pour fustiger la fausseté de l'Empire ou pour le prévenir du danger de guerre.

L'intervention française en Italie suscitait son indignation car elle visait la souveraineté du pape. Napoléon III s'aliéna ainsi le clergé et les milieux catholiques en France.

Le combat pour le pape

Henri V se montra constamment un prince très chrétien. Son attachement à la France, qui l'empêcha de prendre des initiatives risquant de troubler l'ordre, était proche d'un certain nationalisme. De ce fait, il ne pouvait imaginer que sa restauration soit l'œuvre de puissances étrangères.

L'Europe entière, au cours du XIXᵉ siècle, fut agitée par l'émergence des nationalismes. Lorsque des patriotes italiens commencèrent à menacer le pouvoir temporel de la papauté, défendus par Napoléon III, le comte de Chambord revendiqua hautement le titre de « fils aîné de l'Église », et s'opposa au césarisme.

Pendant les premières années de l'Empire, les relations entre Napoléon III et le clergé étaient plutôt bonnes. L'empereur, qui s'intéressait peu aux questions religieuses, voyait dans l'Église une arme contre la propagande révolutionnaire. Il associa le clergé à toutes les solennités publiques et augmenta le budget des cultes. Louis Veuillot, qui dirige le journal catholique *L'Univers,* est un enthousiaste du régime. Certains membres du clergé, en 1858, prenaient même Napoléon pour un nouveau Charlemagne. Le malentendu devait bien éclater au grand jour.

Dans ses *Mémoires d'un royaliste,* le comte de Falloux rapporte cette explication « bien simple » de M. de Persigny, ministre de l'empereur, concernant les rapports de Napoléon III et du clergé.

« Le prince Louis avait su de tout temps qu'il existait en France de nombreuses peuplades d'hommes vêtus de noir, dont il ne connaissait pas les mœurs et dont il ne parlait pas la langue. On avait besoin d'un truchement pour les aborder et traiter avec eux. M. de Montalembert était tout naturellement désigné pour cet office ; mais, en peu de temps, les hommes noirs l'apprivoisèrent; ils furent les premiers à mettre leur truchement de côté, et quelques-uns se pressèrent autour de l'empereur avec un tel fanatisme qu'ils dépassèrent le but. L'empereur me dit un jour en propres termes : " Ils me dégoûtent. " »

Pour sa part, le comte de Chambord avait mis en garde les évêques et le clergé, auxquels il laissait toute liberté pour les choses spirituelles, contre les tentations de la politique dès 1857 :

« ... les Évêques et tous les membres du clergé ne sauraient éviter avec trop de soin de mêler la politique à l'exercice de leur ministère sacré, et de s'immiscer dans les affaires qui sont du ressort de l'autorité temporelle; ce qui n'est pas moins contraire à la dignité et aux intérêts de la religion elle-même qu'au bien de l'État. »

Deux ans plus tard, dans une lettre au même correspondant, le comte de Chambord avait fixé avec précision les rapports de l'État français et de l'Église : « Pleine liberté de l'Église dans les choses spirituelles, indépendance souveraine de l'État dans les choses temporelles, parfait accord de l'une et de l'autre dans les questions mixtes. »

Le malentendu entre l'Église et Napoléon III cessa lors de la campagne d'Italie. L'intervention de l'empereur montrait qu'il était tout disposé à porter atteinte à la souveraineté temporelle du pape.

Le pape Pie IX avait refusé de sacrer Napoléon III mais avait baptisé le prince impérial en 1856.

L'effondrement autrichien après les rapides victoires de Magenta et de Solferino aboutit à l'armistice de Villafranca. Le pape exigea la restitution des territoires qui lui appartenaient et dénonça dans son encyclique du 19 janvier 1860 « les atteintes sacrilèges » contre sa souveraineté.

Le comte de Chambord attaqua avec vivacité la fausseté de la politique impériale :

« Une politique ténébreuse a cru le sens moral suffisamment affaibli et l'opinion suffisamment comprimée, pour pouvoir impunément, sous une vaine apparence de zèle et une feinte douceur, justifier, encourager, favoriser, après avoir formellement promis de l'empêcher, une odieuse spoliation dont la conséquence inévitable serait de mettre bientôt partout la force à la place du droit. »

Les réactions des milieux conservateurs et catholiques en France étaient très vives. Napoléon III y répliqua par l'interdiction de *L'Univers* en janvier 1860 et plus tard par des mesures contre la société de Saint-Vincent-de-Paul.

Les légitimistes participèrent au Denier de Saint-Pierre, créé à Gand, et surtout à l'armée de volontaires étrangers qui devaient soutenir le Saint-Siège. A Rome, Mgr de Mérode, nommé en février prominstre des Armes, fit appel au général de Lamoricière qui improvisa l'organisation d'une armée de plusieurs milliers d'hommes.

Le comte de Chambord encouragea de Venise, le 18 avril 1860, le général de Lamoricière. D'autres lettres stigmatisèrent les ennemis « qui se cachent, qui ont deux faces et deux langues, qui se couvrant des apparences du respect, agissent dans l'ombre, ou qui, pouvant et devant empêcher le mal, le laissent faire » (à Mgr Dupanloup, juillet 1860). D'autres enfin, plus politiques, représentaient les conséquences de l'avancée révolutionnaire : « Qui ne voit en effet, que la chute de la souveraineté la plus auguste qu'il y ait en ce monde, entraînerait celle de toutes les souverainetés, que dans ses droits sacrés sont attaqués tous les droits, que sous son pouvoir temporel c'est son pouvoir spirituel que la révolution veut atteindre, et qu'ainsi, c'est à la société, à la religion, à l'Église, à Dieu même qu'elle fait la guerre ? »

Après la défaite du général de Lamoricière à Castelfidardo le 18 septembre 1860, le comte de Chambord lui écrivit le 8 octobre : « Il a fallu, mon cher général, un concours de circonstances où la duplicité le dispute à l'infamie pour que vous ayez eu à faire face, avec une poignée de braves, à une armée tout entière. Aussi est-il parfaitement vrai de dire que cette héroïque phalange n'a pas été vaincue, mais qu'elle a été assassinée. »

Cet ensemble de lettres sur la question italienne se caractérise par une véhémence et une indignation qui ne se retrouvent sur aucun autre sujet.

Les émotions s'apaisèrent en 1867 lorsque la seconde expédition de Rome arrêta, les 3 et 4 novembre, à Mentana, l'armée de Garibaldi. Le 5 décembre devant le Parlement, le ministre Rouher eut ce mot célèbre : « Nous le déclarons au nom du gouvernement français : l'Italie ne s'emparera pas de Rome ! Jamais la France ne supportera cette violence faite à son honneur et à la catholicité. » Le comte de Chambord avait écrit au baron de Charette que la souveraineté du Saint-Père était sauvée.

Le voyage d'Orient (1861)

Du 23 septembre au 13 décembre 1861, le comte de Chambord fit son voyage d'Orient en Terre sainte, sur les traces des rois capétiens.

De Vienne, il se dirigea avec une suite de seize personnes à Constantinople par la Hongrie et le Danube. De là, il passa en Asie Mineure et en Syrie et revint par l'Égypte et l'Adriatique.

Le récit de ce voyage, rédigé de la main du comte de Chambord, fut publié partiellement en 1984. Il est intéressant à plus d'un titre. En premier lieu, il témoigne d'une curiosité constante pour les lieux traversés ou visités. L'auteur mêle des pages d'histoire, des réflexions personnelles au compte rendu de l'itinéraire suivi. Son récit est informé avec précision et méthode. Les quelques pages consacrées à la seule journée qu'il passa à Beyrouth éclairent ainsi un moment particulièrement douloureux de l'histoire du Moyen-Orient.

Le Liban connaissait une époque de troubles. Le comte de Chambord ne put y rester qu'une journée, celle du 9 octobre 1861. Le matin, il se rendit, avec le duc de Lévis, dans divers établissements religieux, notamment chez des sœurs venues de Damas. Elles avaient recueilli cinq cents orphelines dont les parents, chrétiens maronites, avaient été massacrés en 1860 par les Druses ou même par les Turcs pourtant chargés de les protéger.

Le comte de Chambord accusa aussi « l'insouciance et les divisions des puissances chrétiennes » qui avaient laissé les affrontements entre ces deux communautés aboutir à vingt-cinq mille victimes essentiellement dans le nord du pays. On sait que la charte de 1864 régla ensuite, pour un temps, le sort du Liban devenu province autonome dotée d'un gouverneur chrétien.

En second lieu, ce journal nous apprend bien involontairement, puisque ce récit n'était pas destiné à la publication, des réactions spontanées qui, pour être fort ordinaires dans le genre littéraire du récit de voyage au XIXᵉ siècle, n'en sont pas moins choquantes sous la plume d'un prince faisant profession d'honnêteté et de charité.

Ainsi, sa bienveillance pour les frères franciscains ou les sœurs de la Charité, « excellentes comme partout », n'a d'égale que son antipathie pour le petit peuple croisé dans les bazars, dans les déserts ou ailleurs. Turcs, Arabes, juifs, Arméniens suscitent la xénophobie. L'antisémitisme est constant à une exception près, nous verrons ce qu'elle vaut, un vendredi à Jérusalem :

« Dans l'après-midi, comme c'est un vendredi, nous allons voir les juifs se lamenter contre un des murs du Temple (...).

« Au moment où nous nous y rendons, ils sont assez nombreux. Hommes et femmes, sans faire attention aux spectateurs, lisent la Bible, pleurent, se frappent la tête contre la muraille, écoutent si quelque voix du ciel ne leur répond pas. Ce spectacle fait pitié et en même temps il émeut. Les juifs payent un tribut pour avoir le droit de venir pleurer en ce lieu. C'est peut-être la seule fois de ma vie que les juifs m'ont inspiré un sentiment de commisération et une sorte de respect. »

Quant aux protestants et aux orthodoxes, ils sont presque toujours accusés de prosélytisme éhonté.

Le comte de Chambord ne se montre pas là sous le meilleur jour.

Sensible aux marques de respect qui lui sont témoignées, il est aussi curieux de tout visiter. Le but essentiel du voyage était le pèlerinage aux lieux saints.

Il visita Nazareth où il rencontra des frères franciscains qui « nous disent que les Arabes catholiques dans leur bon sens m'appellent le vrai prince ajoutant que les autres princes actuels sont des faux princes ».

Le soir, le prince et ses compagnons dont l'abbé Trébuquet faisaient des lectures des passages de l'Écriture sainte qui contribuaient à leur édification. A Tibériade, on leur réserva un accueil solennel. A Jérusalem, le comte de Chambord eut la satisfaction d'être salué au cri de « Vive le fils de Saint Louis ! » par les enfants des écoles.

Sur les lieux saints de Jérusalem, le comte de Chambord est constamment ému et recueilli. Cependant, il est choqué de voir la ville sous influence grecque, russe ou musulmane, « tandis que les puissances catholiques, loin de travailler à l'envi à entretenir les sanctuaires latins, les abandonnent, se disputent entre elles pour la prééminence et laissent tout tomber en ruine ».

Des notations concernant les admirables paysages traversés alternent avec d'autres, évoquant le pittoresque des caravanes et du burnous qu'il faut endosser ou les aléas de la vie sous la tente.

De Jaffa, le prince et sa suite s'embarquèrent pour

l'Égypte afin de voir le chantier du canal de Suez commencé en avril 1859. Le voyage en Égypte fut un succès grâce au concours de deux personnages importants : Ferdinand de Lesseps, avec qui le prince put s'entretenir du canal de Suez, et Auguste Mariette, égyptologue. Accueilli par le vice-roi, le comte de Chambord décida de prolonger son séjour en visitant la Haute-Égypte.

Lorsque M. Mariette présenta les collections d'objets provenant de fouilles, le savant parut rempli de préjugés contre le comte de Chambord et ses amis. Le prince nota avec humour : « Au bout de peu de temps, il s'aperçut que nous n'étions pas des animaux d'une race particulière et il fut parfait. »

Le 15 novembre, le comte de Chambord quitta Le Caire avec une partie de sa suite et remonta le Nil en bateau jusqu'à Assouan et la première cataracte. La compagnie de M. Mariette lui permit de visiter de manière détaillée les monuments de la Haute-Égypte. Le 30 novembre le comte de Chambord sortit à nouveau du Caire pour apprécier l'avancement des travaux du canal de Suez en compagnie de M. Voisin.

Au matin du 6 décembre, le comte de Chambord était à Alexandrie. Il embarquait sur la *Caroline,* un bateau en fer de la Lloyd's qui le ramena à Trieste le 12. Le soir même, il repartit en train pour arriver à Frohsdorf le 13 au soir.

Pendant le voyage de retour on s'étonna, dit-il, « de nos longues barbes, et de notre tenue peu soignée. L'abbé, avec sa barbe toute blanche, avait l'air d'un apôtre ; le duc de Lévis n'était pas reconnaissable ; Damas était affreux, il semblait avoir mis sa brosse à cirage sur sa figure ».

A Wiener-Neustadt, le pèlerin de Terre sainte retrouva la comtesse de Chambord « avec une jubilation extrême après ces trois mois d'absence. Je puis dire avec sincérité que c'est grâce à ses ardentes prières que notre pèlerinage s'est heureusement passé, et que je suis revenu non seulement sain

et sauf, mais sans même avoir éprouvé un mal de tête, malgré le soleil ardent et les fatigues du voyage ».

A l'entrée de Frohsdorf, la population du village avait
dressé un arc de triomphe et le Burgmeister avait préparé
un discours de félicitations. La vie à Frohsdorf allait reprendre son rythme habituel sous le signe de la dignité et de la
résignation.

En dehors du voyage à Londres (1862) et des séjours en
Suisse et en Allemagne le seul voyage d'importance devait
être celui de Grèce, en 1868.

Les rigueurs de l'exil

La vie à Frohsdorf, les familiers du prince en témoignent,
était assez morne. La régularité des horaires, l'atmosphère
religieuse et compassée, la persistance de l'étiquette semblaient bien pesantes aux visiteurs et même à l'exilé. Il
continua de régner sur ses fidèles par des lettres dont les
plus importantes ont été publiées.

L'essentiel de cette correspondance du comte de Chambord, sous l'Empire, en dehors des lettres politiques destinées à une large diffusion, appartient à deux genres différents.

Les lettres de remerciement constituent une première
série. Elles concernent l'envoi d'études ou d'ouvrages qui
développent les positions du comte de Chambord ou qui
contribuent à illustrer la grandeur de la monarchie. D'autres
consacrent le renouveau du catholicisme en France : histoire de la restauration (à A. Nettement, août 1860), histoire
des croisades de Saint Louis (à E. Gervais, avril 1860), histoire d'Henri IV (à Ch. Mercier de Lacombe, août 1857),
exposé sur la souveraineté pontificale (à Mgr Dupanloup,
14 juillet 1860), ouvrage sur la basilique de Saint-Denis (à
l'abbé Jaquemet, février 1868). Le comte de Chambord

171

résume la portée de l'ouvrage en montrant la convergence de ces livres d'histoire avec les principes de la royauté, « œuvres des siècles et non d'un jour d'anarchie ».

Lorsqu'il écrit à M. de Vidaillan, auteur d'une *Histoire des Conseils du Roi,* le 11 mai 1856, il est parfaitement explicite : « Le meilleur moyen de venger la monarchie des injustes accusations dont elle est l'objet, c'est de rappeler ce que dans tous les siècles la France lui a dû de prospérité et de grandeur, et c'est aussi ce que vous vous êtes proposé de faire pour votre part dans l'ouvrage que vous venez de publier. »

D'autres lettres enfin d'un caractère personnel sont adressées à des amis ou à des proches, souvent à l'occasion d'un événement familial, mariage ou décès.

Invariablement ces lettres retracent les services rendus et éventuellement la fidélité d'une famille entière, et enfin elles rappellent les consolations qu'offre la religion. La lettre du 22 mars 1854 au comte de Villèle à l'occasion de la mort de son père apparaît comme un modèle de ces messages de condoléances.

A la mort du mathématicien Cauchy, le comte de Chambord fit parvenir à la baronne Cauchy un message ainsi conçu : « Dans celui que vous pleurez, la science perd un de ses plus rares génies, l'Église un de ses plus humbles enfants, la cause du droit un de ses plus fidèles serviteurs, et moi un de mes meilleurs amis. » Trois mois plus tard, le comte de Chambord voyait dans le baron Cauchy, son ancien maître, plus qu'un ami et un serviteur de sa cause, la preuve exemplaire d'une alliance du génie scientifique et des principes royalistes : « Il est donc évident que les plus hautes facultés de l'intelligence, les plus rares qualités du cœur, le génie et la science peuvent s'allier avec un attachement inviolable aux grands principes qui sont l'unique fondement des États et de la société tout entière. »

Pendant les dix-huit années de l'Empire, le comte de Chambord perdit nombre de ses amis et de ses proches.

Le duc de Lévis mourut à Venise d'une congestion cérébrale en 1863. Né en 1794, il avait suivi Charles X en exil. Froid et réservé, il montrait aussi de l'énergie mais surtout une prudence extrême que d'autres partisans du prince lui reprochaient. Selon le marquis de Belleval, le duc de Lévis fut mal connu et mal jugé : « Il plaisantait à froid et tandis qu'il excitait l'hilarité de chacun, jamais l'ombre même d'un sourire ne venait effleurer ses lèvres ; le masque restait impassible. »

Stanislas de Blacas succéda au duc de Lévis dans les fonctions de conseiller et de « premier ministre de l'exil ».

Le comte Fernand de La Ferronnays partageait la position du duc de Lévis sur la nécessité de la fusion et ne souhaitait pas accorder trop d'importance à la question du drapeau. Le comte de Chambord l'admirait au point, dit-on, de copier sa façon de se vêtir et de se tailler la barbe. Il mourut subitement à Frohsdorf en 1867, dans la voiture du comte de Chambord.

Le samedi saint de l'année suivante, le comte de Chambord perdit l'abbé Trébuquet. Cet aumônier de l'exil disait la messe quotidiennement à Frohsdorf. Il suivait le comte de Chambord dans ses déplacements. Le père Bolle, jésuite, le remplaça et devint le conseiller de la comtesse de Chambord après 1883.

En 1868 toujours, survint l'annonce de la mort de l'avocat Pierre-Antoine Berryer. Le comte de Falloux, qui pensait que ce brillant orateur était le meilleur représentant du comte de Chambord, est l'auteur de ce parallèle qui resta tout idéal : « L'inébranlable affection d'Henri IV pour Sully était une des gloires d'Henri IV, et l'affection du comte de Chambord pour M. Berryer serait, à elle seule, le meilleur des programmes. » Falloux assista aux derniers instants de cet homme et reproduisit dans les *Mémoires d'un royaliste* le billet d'adieu qu'il adressa au comte de Chambord :

« Ô Monseigneur ;

« Ô mon Roi, on me dit que je touche à ma dernière heure.

« Je meurs avec la douleur de n'avoir pas vu le triomphe de vos droits héréditaires, consacrant le développement des libertés dont la France a besoin. Je porte ces vœux au ciel pour Votre Majesté, pour Sa Majesté la Reine, pour notre chère France.

« Pour qu'ils soient moins indignes d'être exaucés par Dieu, je quitte la vie armé de tous les secours de notre Sainte Religion.

« Adieu, Sire, que Dieu vous protège et sauve la France !

« Votre fidèle et dévoué sujet.

« Berryer,

« 18 novembre. »

Ces deuils, auxquels il faudrait ajouter encore ceux du comte de Montbel et du duc de Blacas, amenèrent le renouvellement de l'entourage du comte de Chambord.

Deux deuils familiaux achevèrent de le priver des derniers membres de sa proche famille : sa mère Marie-Caroline Lucchesi-Palli, la duchesse de Berry, et sa sœur Louise de Parme. Le comte de Chambord était resté très lié avec sa mère et sa sœur qui séjournaient l'hiver à Venise.

La vie de Louise de Parme avait été troublée par les bouleversements italiens.

Lorsque Louise d'Artois avait épousé Charles de Bourbon-Parme, le trône de Parme était occupé. L'ancienne impératrice des Français, Marie-Louise de Habsbourg-Lorraine, avait la souveraineté viagère du duché. Le 1er avril 1810, elle avait épousé Napoléon 1er qu'elle quitta, à sa chute en 1814, pour l'Autrichien von Neipperg qu'elle épousa en 1821 et dont elle eut deux enfants. Veuve en 1829, elle se remaria avec le comte de Bombelles.

À sa mort, en 1847, le duché de Parme revenait enfin au mari de Louise, Charles III, duc de Parme. Assez impopulaire, il fut assassiné le 26 mars 1854 à l'âge de 31 ans. Louise, sa veuve, devint la régente de son fils Robert. A l'automne 1854, le comte de Chambord passa quelques jours à Parme auprès de cette sœur qui régnait. Les succès qu'il lui attribue lui parurent heureusement présager des résultats auxquels il voulait parvenir lui-même, à son retour en France :

« Je n'ai pas douté un seul instant, écrit-il dans une lettre du 8 octobre 1854, qu'elle ne fût à la hauteur de sa grande et difficile mission, et la sagesse qu'elle a déployée dès le principe dans la conduite de ses affaires, ne m'a nullement étonné. (...) J'ai admiré les améliorations qui, en si peu de mois, avaient pu déjà être introduites dans les finances et dans les autres branches de l'administration. Je me sentais heureux et fier de penser que tout ce bien était l'œuvre d'une princesse de la maison de France, et j'ai à y voir le présage de celui qu'avec l'aide du Ciel, il me sera donné, j'espère, d'accomplir à mon tour, quand les portes de la patrie me seront ouvertes, et que je pourrai me dévouer tout entier à son bonheur et à sa gloire. »

Cinq ans plus tard, en 1859, Louise de Parme, chassée par le roi Victor-Emmanuel, devait quitter ses États et se réfugier avec ses enfants sur les bords du lac de Constance. Le 1er février 1864, elle mourut à Venise, au palais Giustinian, non loin du palais de son frère. Après un service funèbre en l'église San Stefano, le 6 février, son cercueil fut déposé le lendemain à Goritz dans le caveau du couvent franciscain de la Castagnavizza.

La même année, mourait le comte Lucchesi-Palli, duc della Grazia. Il avait eu des passions coûteuses et la confiance des antiquaires vénitiens qui avaient accepté de repousser des échéances. A sa mort, les fournisseurs de ce collectionneur, qui achetait bien au-delà de ses moyens, présentèrent un mémoire récapitulatif de trois millions de lires que Marie-Caroline signa.

Elle vendit les objets précieux accumulés à Brunnsee et à Venise. Certains appartenaient à la Couronne. C'est ainsi que le livre de prières de Marguerite de Valois, sœur de François 1er, fut acquis par l'administration impériale des Beaux-Arts.

Il fallait éviter un scandale qui pouvait effleurer le comte de Chambord, et pour cela rembourser rapidement les dettes.

Par le biais d'une « œuvre de Marie-Thérèse », l'on fit appel à la générosité des légitimistes français pour une souscription de cinq ans. Le duc de Luynes offrit au comte de Chambord des liasses de titres qui lui furent rendues ensuite. Henri de Pêne affirma qu'on n'en avait point fait usage, alors qu'il est probable que ce portefeuille permit au moins de garantir un emprunt. Il ajouta qu'en acceptant ce don, « Henri de France avait récompensé un dévouement magnifique ; il avait prouvé ainsi que tout ce qui était aux Luynes était au roi ».

Marie-Caroline survécut à sa fille et à son second mari jusqu'en 1870. Les dernières années de sa vie, elle s'emportait encore contre les victoires révolutionnaires et l'unité italienne qui amena la fin de la monarchie bourbonienne des Deux-Siciles.

Sa postérité fut nombreuse : pas moins de trente-deux petits-enfants... Si l'on excepte Anna, née et morte en 1833, l'« enfant de la Vendée », le comte de Chambord fut le seul de ses enfants à n'avoir pas de postérité : aux quatre enfants nés de Louise de Parme, il faut en effet ajouter ceux issus des enfants de son mariage avec le comte Lucchesi-Palli : trois filles, Clémentine (née en 1835), Francesca (née en 1836) et Isabelle (née en 1838) et un fils, Adinolphe (né en 1840).

Le 16 avril 1870, la duchesse mourut de la fièvre

typhoïde à Brunnsee et fut enterrée dans le caveau de la famille Lucchesi et non à Goritz.

Pendant toutes ces années du règne de Napoléon III, le comte de Chambord apparaissait comme un homme qui subissait stoïquement l'exil mais qui choisissait aussi non la solitude, mais un certain isolement qu'on qualifia de hautain. Si l'exil eut un bénéfice, ce fut celui de le rendre constamment attentif au difficile équilibre européen. D'une certaine manière, Frohsdorf constituait un observatoire central. Les liens de parenté d'Henri V avec les cours européennes facilitaient l'échange d'informations.

La chute de l'Empire

Le comte de Chambord était suffisamment informé des conséquences du triomphe des Prussiens sur les Autrichiens en 1866, pour y déceler la grave menace pesant sur la paix en Europe.

Dès le mois de décembre 1866, il écrivit au vicomte de Saint-Priest une longue lettre où il analysait les risques de conflit :

« L'année qui va finir, mon cher ami, n'a pas été heureuse pour l'Europe et en particulier pour la France. La gravité des circonstances frappe tous les esprits. La situation est pleine d'incertitudes et de périls ; l'opinion publique s'en émeut, les intérêts menacés s'inquiètent du présent et s'effraient de l'avenir ; à peine remis d'une secousse violente, ils en redoutent de nouvelles. Des questions qui semblaient assoupies se réveillent. Partout on arme, partout on prépare des moyens formidables de destruction et de guerre. Les événements dont l'Allemagne et l'Italie ont été récemment le théâtre ont confondu tous les calculs, trompé toutes les prévisions, rompu brusquement l'équilibre européen, et aucun pays n'en a ressenti plus vivement que le nôtre, le contrecoup. »

Selon le comte de Chambord, il fallait relever l'influence prépondérante de la France menacée par ses deux voisins, l'Allemagne et l'Italie. Certes, la France avait pour elle de nombreux atouts, dont « sa puissante unité, œuvre des siècles ». « Sa grandeur, assurait-il, est nécessaire à la stabilité, au repos de l'Europe. » C'était là une raison supplémentaire de rester « justement jaloux de l'honneur et de la dignité » de la patrie.

Dans cette lettre prophétique, il conseilla donc « de ne pas laisser se former à nos portes de vastes États, dont l'un surtout dispose d'une puissance militaire incontestable ». La lettre s'achève sur une promesse :

« Quant à moi, ma douleur est de voir de loin les maux de mon pays, sans qu'il me soit donné de les partager ; mais si dans les épreuves qu'il peut avoir encore à traverser, la Providence m'appelle un jour à le servir, n'en doutez pas, vous me verrez paraître résolument au milieu de vous, pour nous sauver ou périr ensemble. »

Les élections de juin 1869 avaient renforcé l'opposition républicaine. En un an, cent quarante journaux apparurent. L'Empire devenait « libéral ». Napoléon III se décida à faire des concessions, notamment par le sénatus-consulte du 8 septembre 1869 qui libérait de sa tutelle le Corps législatif.

A mesure que l'opposition républicaine grandissait, le comte de Chambord se montrait plus critique. La lettre du 15 novembre 1869 est particulièrement solennelle : « J'ai toujours respecté mon pays dans les essais qu'il a voulu tenter. On a pu même s'étonner de la persistance d'une réserve, dont je ne dois compte qu'à Dieu et à ma conscience. Mais si les amertumes prolongées de l'exil pouvaient avoir un adoucissement, je le trouverais dans la certitude de n'avoir pas manqué à la résolution que j'avais prise envers moi-même de ne point aggraver les périls et les embarras de la France. Cependant l'honneur et le devoir me recommandaient de la prévenir contre de funestes entraînements. »

L'Empire n'est donc qu'un *essai,* « uniquement basé sur le prestige d'un nom ». Le comte de Chambord lui oppose la monarchie telle qu'il l'entend, en citant son propre manifeste de 1852. Le style même de cette lettre a toute l'éloquence des manifestes diffusés dans les époques de désordre :

« La France et la société tout entière sont menacées de nouvelles commotions : aujourd'hui comme il y a dix-sept ans, je suis convaincu et j'affirme que la monarchie héréditaire est l'unique port de salut, où après tant d'orages, la France pourra retrouver enfin le repos et le bonheur. — Poursuivre en dehors de cette monarchie la réalisation des réformes légitimes que demandent avec raison tant d'esprits éclairés, chercher la stabilité dans les combinaisons de l'arbitraire et du hasard, bannir le droit chrétien de la société, baser sur des expédients l'alliance féconde de l'autorité et de la liberté, c'est courir au-devant de déceptions certaines. »

Le régime parlementaire à mettre en place nécessitait une nouvelle Constitution qui fut proposée le 20 avril 1870. Le 8 mai, un plébiscite, en l'approuvant, donnait à l'empereur quelques raisons d'espérer. Malheureusement, la guerre qu'il déclara à la Prusse le 19 juillet était engagée dans des conditions désastreuses et les défaites se succédèrent.

En juillet, Henri V fit une excursion dans les Alpes. Le 18 août 1870, il alla s'installer à Yverdon en Suisse. Il avait l'intention d'accomplir la promesse de décembre 1866 en franchissant la frontière pour « nous sauver ou périr ensemble ».

En effet, avant son départ, il remit cette lettre cachetée à la comtesse de Chambord :

« Je ne me fais aucune illusion et je sais que, très probablement, là où je vais je trouverai la mort. Toi qui me connais bien, tu vois que je n'agis pas par ambition ni pour des vues humaines, mais pour remplir les devoirs que la divine Providence m'a imposés... » La comtesse de Chambord n'ouvrit cette lettre qui s'achevait par un adieu affectueux qu'en 1881, à la demande d'Henri.

Il semble que le comte de Chambord ait été dissuadé de traverser la frontière. Cependant, dès le 22 août, il se disait à nouveau condamné par l'exil à la douleur de ne pouvoir combattre pour la patrie. Il se préoccupa alors de fournir l'hospitalité de Chambord aux soldats français par cette même lettre adressée au comte de Flavigny, président de la Société internationale de secours aux blessés : « Je leur offre pour asile le château de Chambord que la France m'a donné en des temps plus heureux, et dont j'aime à porter le nom en souvenir de mon pays. »

Le 1er septembre, à Sedan, l'empereur capitula et fut fait prisonnier. Le 4 septembre, on cria « Déchéance ! » dans une Assemblée envahie. Les députés républicains se dirigèrent à nouveau vers l'Hôtel de Ville pour proclamer la République, tandis que l'impératrice s'exilait en Angleterre.

Le 19 septembre le roi de Prusse Guillaume 1er était installé à Versailles. Le 1er octobre, le comte de Chambord fit remettre à Bismarck une lettre adressée à Guillaume, son « frère et cousin ».

« Je suis prêt, si mon pays m'appelle, à remplir la mission qu'un devoir sacré m'impose, et je suis également résolu à reprendre le chemin de l'exil plutôt que de souscrire à son humiliation. »

De quelle humiliation s'agissait-il ? Sans nul doute des exigences du vainqueur qui, en obtenant l'Alsace et la Lorraine, compromettrait la paix européenne.

« Que Votre Majesté le sache bien, la nation a été surprise, elle ne sera jamais abattue. Profiter de ses épreuves pour lui demander une parcelle de son honneur serait le signal d'incalculables désastres. Si la victoire a ses exigences, c'est à la sagesse des princes qu'il convient de les renfermer dans de justes limites. Votre Majesté, dans le présent, peut assurer ou compromettre, pour de longues années, la sécurité de l'avenir. Sur le champ de bataille vous avez rendu, plus d'une fois, un hommage public à l'héroïsme de nos soldats ; comptez aussi sans défiance avec les nobles instincts d'une nation fière et courageuse qui voudra clore pour toujours l'ère des révolutions. »

Le comte de Chambord refusait donc d'avance et de rentrer dans les fourgons de l'étranger et d'accepter des conditions de paix humiliantes. Bismarck fit connaître un point de vue qui excluait tout dialogue : « Si M. le comte de Chambord était effectivement en position de parler à notre roi au nom de la France, il aurait certainement l'occasion de se convaincre que S. M. le roi ne fait la guerre que pour arriver à une paix durable... »

De la frontière suisse, le comte de Chambord envoya le manifeste du 9 octobre 1870, publié le 11 dans la presse, qui soulignait les répétitions de l'histoire :

« Français,

« Vous êtes de nouveau maîtres de vos destinées.

« Pour la quatrième fois depuis moins d'un demi-siècle, vos institutions politiques se sont écroulées, et nous sommes livrés aux plus douloureuses épreuves.

« La France doit-elle voir le terme de ces agitations stériles, sources de tant de malheur ? C'est à vous de répondre. »

Il lançait cet appel qui provoqua l'engagement de volontaires royalistes : « Que le deuil de la patrie soit le signal du réveil et des nobles élans. L'étranger sera repoussé, l'intégrité de notre territoire assurée, si nous savons mettre en commun tous nos efforts, tous nos dévouements et tous nos sacrifices. »

181

Ce manifeste signait la rentrée politique du comte de Chambord qui se présentait à nouveau comme un « gage de conciliation et de sécurité » :

« Oui, la France se relèvera si, éclairée par les leçons de l'expérience, lasse de tant d'essais infructueux, elle consent à rentrer dans les voies que la Providence lui a tracées. Ces voies sont celles de l'union de la maison de Bourbon et de la France. »

Deux formules prescrivaient son accomplissement :

« Ne l'oubliez pas ; c'est du retour à ses traditions de foi et d'honneur, que la grande nation un moment affaiblie, recouvrera sa puissance et sa gloire.

(...)

« Ne vous laissez plus entraîner par de fatales illusions. Les institutions républicaines qui peuvent correspondre aux aspirations de sociétés nouvelles, ne prendront jamais racine sur notre vieux sol monarchique. »

L'union des Français et de leur roi exilé s'accomplissait au moins dans la description d'un futur réalisé par un « nous » incluant tous les Français et donc le premier d'entre eux. « Effaçons jusqu'au souvenir de nos dissensions passées, si funeste au développement du véritable progrès et de la vraie liberté. » Cet emploi du pronom « nous » (« effaçons », « notre cœur »), n'avait rien de commun avec le « nous » de majesté des rois de l'Ancien Régime. Il fondait un retour à un « gouvernement national, ayant le droit pour base, l'honnêteté pour moyen, la grandeur morale pour but ».

VI

Le « fier suicide » politique
(1871-1873)

Pendant trois ans, de 1871 à 1873, les occasions de restaurer la royauté se firent plus précises et plus pressantes. Le comte de Chambord les manqua toutes et on l'accusa durement d'échecs qu'il accepta hautement.

A la lumière des principaux épisodes de sa vie, de ses écrits, des témoignages de ses contemporains, on doit comprendre ses déclarations successives jusqu'à cette maxime restée célèbre : « Ma personne n'est rien ; mon principe est tout. »

Pour énigmatiques que nous paraissent les refus d'Henri V qui stupéfièrent les royalistes, ils ont le mérite de la cohérence et de la logique d'une morale singulière.

Majorité royaliste à l'Assemblée en 1871

Les premiers mois de l'année 1871 furent particulièrement dramatiques. En janvier, Paris, qui résistait au siège, fut bombardé. Dans une lettre évoquant la grandeur de l'histoire de la capitale, le comte de Chambord dénonça cette ultime épreuve : « Je proteste, écrit-il le 7 janvier, contre la guerre la plus sanglante et la plus lamentable qui fût jamais. »

Le 28 janvier 1871, le gouvernement capitulait. L'empire

allemand, qui avait été proclamé dans la galerie des Glaces de Versailles acceptait l'armistice. Bismarck exigea que la paix soit signée par un gouvernement légal qui puisse représenter toute la France.

Les élections de nouveaux députés à l'Assemblée le 8 février donnèrent une majorité de monarchistes partisans de la paix et de l'ordre. Ces monarchistes nommèrent Thiers chef du pouvoir exécutif de la République française : il était désigné aux suffrages de l'Assemblée par son élection dans vingt-quatre départements. Thiers négocia et signa le traité de Francfort fixant les conditions de la paix (cession de l'Alsace et de la Lorraine, versement d'une indemnité), le 10 mai 1871. Et surtout, il écrasa la Commune de Paris qui avait contraint le gouvernement à se réfugier à Versailles le 18 mars. Après un nouveau siège, le 21 mai, les troupes versaillaises entrèrent dans Paris.

La semaine sanglante (21-28 mai 1871) fixa l'horrible conclusion de l'insurrection parisienne attachée à une République idéale.

Pendant la Commune, le comte de Chambord avait à nouveau fait connaître sa volonté de rassemblement et de clémence, dans cette lettre du 8 mai 1871 à M. de Carayon-Latour : « On se dira que j'ai la vieille épée de France dans la main et, dans la poitrine, ce cœur de roi et de père qui n'a point de parti. Je ne suis point un parti et je ne veux pas revenir pour régner par un parti. Je n'ai ni injure à venger, ni ennemi à écarter, ni fortune à refaire, sauf celle de la France, et je puis choisir partout les ouvriers qui voudront loyalement s'associer à ce grand ouvrage. Je ne ramène que la religion, la concorde et la paix, et je ne veux exercer de dictature que celle de la clémence, parce que dans mes mains, et dans mes mains seulement, la clémence est encore la justice.

« Voilà, mon cher ami, pourquoi je ne désespère pas de mon pays et pourquoi je ne recule pas devant l'immensité de la tâche ; la parole est à la France et l'heure est à Dieu. »

En juin 1871, l'Assemblée vota l'abrogation des lois de 1832 et de 1848 concernant l'exil des princes de la maison de Bourbon. Si les princes d'Orléans acceptaient de résider en France comme de simples citoyens (ils avaient d'ailleurs été élus à l'Assemblée en février 1871), le comte de Chambord ne pouvait rentrer en France que pour restaurer la monarchie. Si la fusion ne s'accomplissait pas, l'entourage du comte de Chambord constatait avec intérêt que les princes d'Orléans ne laissaient paraître aucune prétention.

Le comte de Chambord décida d'un séjour incognito dans son pays. Sous le nom de comte de Mercœur, il passa la frontière — venant de Bruges — le 1ᵉʳ juillet 1871. Il était accompagné de Stanislas de Blacas et des comtes de Vanssay et de Monti de Rézé. Le matin du 2 juillet, il arrivait à la gare du Nord à Paris. Après avoir entendu la messe à Notre-Dame-des-Victoires, il visita Notre-Dame, la Sainte-Chapelle, le palais de Justice et les ruines des Tuileries où seul subsistait le pavillon de Marsan.

Il passa quelques heures en compagnie du marquis de La Ferté pour lui communiquer le texte du Manifeste du 5 juillet. Son interlocuteur lui représenta, avec force mais en vain, les conséquences néfastes de ce texte. A la suite d'une altercation qui mit fin à cette entrevue, le marquis de La Ferté ne revit plus le comte de Chambord.

De Paris, Henri V se dirigea ensuite vers Blois. Au matin du 3, il était à Chambord, dans ce domaine qu'il allait enfin connaître.

Henri V à Chambord

Le château, qui avait abrité des soldats blessés, était à peu près inhabitable. Les boiseries notamment avaient été brûlées comme presque tout ce qui avait pu servir de bois de chauffage. Henri V fut donc reçu dans la maison de son régisseur.

Le comte de Chambord ne resta que quatre jours dans ces lieux dont il portait le nom. Il reçut des députés et des amis qui, à nouveau, l'engagèrent à renoncer à la publication de son manifeste. Mgr Dupanloup ne parvint pas davantage à le faire fléchir. Le refus de renoncer au drapeau blanc fut bientôt connu des royalistes qui commençaient à arriver à Blois.

Au soir du 6 juillet, le comte de Chambord quitta ce château qui symbolisait la fidélité à la monarchie traditionnelle, emportant avec lui ce texte qui parut dans *L'Union* :

« Chambord, 5 juillet 1871,

« FRANÇAIS !

« Je suis au milieu de vous.

« Vous m'avez rouvert les portes de la France, et je n'ai pu me refuser le bonheur de revoir ma patrie.

« Mais je ne veux pas donner, par ma présence prolongée, de nouveaux prétextes à l'agitation des esprits si troublés en ce moment.

« Je quitte donc ce Chambord que vous m'avez donné et dont j'ai porté le nom avec fierté, depuis quarante ans, sur les chemins de l'exil.

« En m'éloignant, je tiens à vous le dire, je ne me sépare pas de vous ; la France sait que je lui appartiens.

« Je ne puis oublier que le droit monarchique est le patrimoine de la nation, ni décliner les devoirs qu'il m'impose envers elle.

« Ces devoirs, je les remplirai ; croyez-en ma parole d'honnête homme et de roi.

« Dieu aidant, nous fonderons ensemble, et quand vous le voudrez, sur les larges assises de la décentralisation administrative et des franchises locales, un gouvernement conforme aux besoins réels du pays.

« Nous donnerons pour garanties à ces libertés publiques auxquelles tout peuple chrétien a droit, le suffrage universel honnêtement pratiqué et le contrôle de deux Chambres et nous reprendrons, en lui restituant son caractère véritable, le mouvement national de la fin du dernier siècle.

« Une minorité révoltée contre les vœux du pays en a fait le point de départ d'une période de démoralisation par le mensonge et de désorganisation par la violence. Ses criminels attentats ont imposé la révolution à une nation qui ne demandait que des réformes, et l'ont, dès lors, poussée vers l'abîme où hier elle eût péri sans l'héroïque effort de notre armée.

« Ce sont les classes laborieuses, ces ouvriers des champs et des villes dont le sort a fait l'objet de mes plus chères études, qui ont le plus souffert de ce désordre social.

« Mais la France, cruellement désabusée par des désastres sans exemple, comprendra qu'on ne revient pas à la vérité en changeant d'erreur, qu'on n'échappe pas par des expédients à des nécessités éternelles.

« Elle m'appellera, et je viendrai à elle tout entier, avec mon dévouement, mon principe et mon drapeau.

« A l'occasion de ce drapeau, on a parlé de conditions que je ne dois pas subir.

« FRANÇAIS !

« Je suis prêt à tout pour aider mon pays à se relever de ses ruines et à reprendre son rang dans le monde ; le seul sacrifice que je ne puisse lui faire, c'est celui de mon honneur.

« Je suis et veux être de mon temps ; je rends un sincère hommage à toutes ses grandeurs, et, quelle que fût la couleur du drapeau sous lequel marchaient nos soldats, j'ai admiré leur héroïsme et rendu grâce à Dieu de tout ce que leur bravoure ajoutait au trésor des gloires de la France.

« Entre vous et moi, il ne doit subsister ni malentendu ni arrière-pensée.

« Non, je ne laisserai pas, parce que l'ignorance ou la crédulité auront parlé de privilèges, d'absolutisme ou d'intolérance, que sais-je encore ? de dîme, de droits féodaux, fantômes que la plus audacieuse mauvaise foi essaye de ressusciter à vos yeux, je ne laisserai pas arracher de mes mains l'étendard d'Henri IV, de François Ier et de Jeanne d'Arc.

« C'est avec lui que s'est faite l'unité nationale ; c'est avec lui que vos pères, conduits par les miens, ont conquis cette Alsace et cette Lorraine dont la fidélité sera la consolation de nos malheurs.

« Il a vaincu la barbarie sur cette terre d'Afrique témoin des premiers faits d'armes des princes de ma famille ; c'est lui qui vaincra la barbarie nouvelle dont le monde est menacé.

« Je le confierai sans crainte à la vaillance de notre armée ; il n'a jamais suivi, elle le sait, que le chemin de l'honneur.

« Je l'ai reçu comme un dépôt sacré du vieux roi, mon aïeul, mourant en exil ; il a toujours été pour moi inséparable du souvenir de la patrie absente ; il a flotté sur mon berceau, je veux qu'il ombrage ma tombe.

« Dans les plis glorieux de cet étendard sans tache, je vous apporterai l'ordre et la liberté.

« FRANÇAIS,

« Henri V ne peut abandonner le drapeau blanc d'Henri IV.

« HENRI »

Ce texte suscita de nombreuses réactions. La gauche était moqueuse ou ironique. Quant aux légitimistes, ils furent, une nouvelle fois, divisés, au nom de leur fidélité au principe monarchique.

Louis Veuillot approuva le maintien du drapeau blanc :

« Un homme qui aspire à porter la couronne de France et qui en conserve encore l'éclat sur son front ne commence pas par une apostasie. Il aurait pu ne point prendre de drapeau du tout. Dans sa main et dans la main de la France un fer de lance pourrait suffire. S'il veut un étendard, qu'il porte le sien. A ne pas remonter plus haut, le drapeau qui fut planté sur les minarets d'Alger vaut celui qui descendit de la flèche de Strasbourg, qui tomba des forts de Paris et qui recula de Rome. »

D'autres représentaient que le drapeau tricolore avait été « lavé » par le sang versé par les royalistes jusque dans les derniers combats contre les Prussiens, et qu'il devait demeurer le drapeau de la France. Les légitimistes qui voulaient faire preuve de réalisme ne voulaient voir qu'une abdication dans cette fidélité à un drapeau qui restait, selon les mots du comte de Chambord, ce qui le mettait « à part de la Révolution ».

Le Bureau du roi cessa d'exister après ce manifeste. Le 22 juillet, le marquis de La Ferté résumait pour Stanislas de Blacas le sentiment des partisans du comte de Chambord qui renoncèrent à le suivre : « Le manifeste, parti des régions idéales mais irréalisable pour la France de nos jours, a conquis le respect et l'admiration, en même temps qu'on a été stupéfait de ce langage d'un autre âge. Mais qui désormais remplira la scène ? »

Le comte de Chambord comptait bien rester sinon sur le devant, du moins à l'arrière-plan de cette scène française. De retour à Bruges, il avait vainement attendu une visite du comte de Paris. Un message justifiait l'ajournement de cette rencontre : le comte de Paris « risquerait, dans les circonstances actuelles d'amener des explications qu'il (lui) paraît préférable d'éviter ».

Cependant, Thiers obtint, dès le 31 août, le titre de président de la République pour trois ans. Jusqu'en 1873, le comte de Chambord séjourna à Frohsdorf, en Belgique et en Suisse : il laissa Thiers régner en maître.

« Je n'abdiquerai jamais »

Le comte de Chambord rencontra à nouveau des Français dans un exil maintenant volontaire. Dans un nouveau Manifeste de janvier 1872, il en donna les raisons : « On s'étonne de m'avoir vu m'éloigner de Chambord, alors qu'il m'eût été si doux d'y prolonger mon séjour, et l'on attribue ma résolution à une secrète pensée d'abdication.

« Je n'ai pas à justifier la voie que je me suis tracée. Je plains ceux qui ne m'ont pas compris ; mais toutes les espérances basées sur l'oubli de mes devoirs sont vaines.

« Je n'abdiquerai jamais. (...)

« Le césarisme et l'anarchie nous menacent encore, parce que l'on cherche dans des questions de personne le salut du pays au lieu de le chercher dans les principes. (...)

« Rien n'ébranlera mes résolutions, rien ne lassera ma patience, et personne, sous aucun prétexte, n'obtiendra de moi que je consente à devenir le roi légitime de la Révolution. »

L'attachement au drapeau blanc était compris des légitimistes fidèles. Lors de son séjour à Anvers, le comte de Chambord reçut d'une délégation lilloise un drapeau brodé par les dames de la ville. Le journal *L'Univers* en donnait la description : « Le drapeau est en soie fleurdelysée, portant au milieu les armes de France soutenues par deux anges et en bordure le collier du Saint-Esprit. La hampe est en vermeil, portant des médaillons émaillés qui représentent le Sacré-Cœur, la Sainte Vierge, saint Michel terrassant le dragon, saint Henri, saint Louis portant la couronne d'épines, saint Denis, saint Rémi recevant le saint chrême, sainte Clotilde, Charlemagne, le défenseur du pape, Jeanne d'Arc, la libératrice de la France. La cravate du drapeau porte les emblèmes : *Fides, spes.* La hampe porte également les armes des principales villes du gouvernement.

« Plus de quatre cents personnes du département du Nord étaient à Anvers pour offrir le drapeau, que le Prince a reçu avec un vif sentiment de satisfaction. »

A Paris, l'Assemblée nationale avait repris goût à la liberté des débats. Elle voulait des assurances. Henri V souhaitait régner mais ne voulait pas que le principe de la monarchie soit restauré avec des conditions.

Une délégation de députés des droites se déplaça également à Anvers pour apporter au comte de Chambord une déclaration, signée par quatre-vingts parlementaires, définissant un programme de gouvernement acceptable à leurs yeux. Si le Prince reçut la délégation, il refusa de prendre connaissance de leur message.

En mai, à l'Assemblée, un des princes d'Orléans, le duc d'Aumale, fit l'éloge du drapeau tricolore, « ce drapeau qui a été si longtemps le symbole de la victoire et qui est resté dans notre malheur l'emblème de la concorde et de l'union ».

Le comte de Chambord représenta à ses amis les dangers de la république et de l'orléanisme, dans une lettre à M. de La Rochette, député d'extrême droite :

« Il est impossible de s'y méprendre. La proclamation de la république en France a toujours été et serait encore le point de départ de l'anarchie sociale, le champ ouvert à toutes les convoitises, à toutes les utopies, et vous ne pouvez, sous aucun prétexte, vous associer à cette funeste entreprise. »

Quelques lignes plus bas, il s'en prenait aux séductions de l'orléanisme :

« En vain essaierait-on d'établir une distinction rassurante entre ce parti de la violence qui promet la paix aux hommes en déclarant la guerre à Dieu, et ce parti plus prudent, mieux discipliné, arrivant à ses fins par des voies détournées, mais atteignant le même but.

« Ils diffèrent par leur langage, mais ils poursuivent la même chimère ; ils ne recrutent pas les mêmes soldats, mais ils marchent sous le même drapeau : ils ne peuvent nous attirer que les mêmes malheurs. »

L'année 1873 vit tout à la fois la chute de Thiers qui cherchait des appuis à gauche, et la réconciliation sincère et loyale des princes. Une fois de plus, le comte de Chambord se trouva bien près de vivre enfin une entrée triomphale en France. Il eut bien des atouts dans son jeu. Mais il aurait fallu une proclamation restaurant la monarchie que cette Chambre, monarchiste et qui se défiait de Thiers parce qu'il s'employait à pérenniser la république, ajourna indéfiniment.

La réconciliation des princes en 1873

Depuis le Manifeste dit *de Chambord,* Henri V était symbolisé ou plutôt hâtivement résumé par cet étendard blanc. Pendant de longues années, la question du drapeau avait été prudemment réservée. En fait, elle avait été tranchée secrètement en février 1871 si l'on en croit la lettre envoyée par Stanislas de Blacas à M. de La Ferté. Cette lettre donnait les instructions fixées par le comte de Chambord.

« Rapportez-nous en tout cas fidèlement l'état de l'opinion sur ce sujet, non pas pour modifier la résolution prise, mais pour nous éclairer sur le moment ou la manière de le faire connaître. Vous voyez ce que tout cela demande de prudence et de tenue. Appuyez aussi fortement sur cette considération, que la première chose à faire est de reconnaître le principe sans conditions — dites que vous êtes sûr que Monseigneur n'en accepterait pas — si la Chambre se décidait purement et simplement à déclarer la monarchie traditionnelle et héréditaire rétablie dans la maison de

France, tout et tout le monde se trouverait à sa place. » Il n'y avait plus à négocier ni pour la fusion ni pour le drapeau.

Tant que le gouvernement ne reconnaîtrait pas solennellement ce principe, il faudrait abattre ses cartes et régler au mieux ces deux questions maintenant conjointes.

Thiers perdit la confiance de l'Assemblée. La montée du parti radical et les succès de Gambetta inquiétaient les républicains modérés et les monarchistes. Albert de Broglie, orléaniste, prit la tête d'une opposition au chef de l'exécutif qui voulait organiser la république. Après la mort de Napoléon III, en janvier 1873, il rallia certains bonapartistes.

Dans la nuit du 24 mai 1873, après un vote qui lui fut défavorable à l'Assemblée, Thiers présenta sa démission.

L'Assemblée élut son successeur, le maréchal de Mac-Mahon. Le lendemain, celui-ci présenta le programme de son ministère : l'ordre moral. « Avec l'aide de Dieu, le dévouement de notre armée qui sera toujours l'esclave de la loi, l'appui de tous les honnêtes gens, nous continuerons l'œuvre de libération du territoire et du rétablissement de l'ordre moral dans notre pays. Nous maintiendrons la paix intérieure et les principes sur lesquels repose la société. »

Le maréchal de Mac-Mahon qui avait pris part aux débuts de la conquête de l'Algérie avait démissionné en 1830. Il s'était distingué sous l'Empire pendant la guerre de Crimée et la campagne d'Italie, ce qui lui avait valu le bâton de maréchal. Après 1864, il fut gouverneur de l'Algérie jusqu'à la guerre de 1870. Battu à Sedan, où il fut blessé et fait prisonnier, il était aussi le vainqueur de la Commune.

Les royalistes voyaient en lui l'un des leurs. Il confia au duc de Broglie le soin de constituer un nouveau ministère selon les vœux de la majorité. L'Assemblée, divisée, ne s'unissait que pour combattre le radicalisme. Les catholiques intransigeants, avec, à leur tête, le baron de Belcastel, voulaient consacrer la France au Sacré-Cœur. Si l'on déclara d'utilité publique la construction de la basilique de Mont-

martre, on interdit les enterrements civils et la commémo-
ration du 14 juillet.

Vers la fin du mois de juillet, l'Assemblée se sépara. Elle
devait reprendre ses travaux le 5 septembre. La réconciliation des princes pendant l'été 1873 devait favoriser un combat uni à l'automne contre les républicains radicaux. Le
comte de Paris décida alors de se rendre auprès du comte
de Chambord à Frohsdorf.

Le 31 juillet, après s'être rendu à Villers-sur-Mer, près de
Trouville, avec sa femme et ses enfants, il revint secrètement à Paris. Accompagné de son oncle, il prit le train de
nuit pour Vienne où il arriva le 2 août. Du palais Cobourg,
résidence de sa tante, la princesse Clémentine, le comte de
Paris télégraphia à Frohsdorf :

« Le comte de Paris, arrivé hier soir à Vienne, prie le gentilhomme de service de demander à Monsieur le comte de
Chambord quand et où il voudrait bien le recevoir. »

Le comte de Vanssay répondit par un autre télégramme
qu'il se présenterait le lendemain au palais Cobourg avec la
réponse du comte de Chambord. Voici ce message, tel qu'il
figure dans le procès-verbal, rédigé par Vanssay :

« Les intérêts les plus chers de la France exigeant d'une
façon impérieuse que la visite faite dans la situation présente, par S.A.R. Monsieur le comte de Paris à Monsieur le
comte de Chambord ne puisse donner lieu à aucune interprétation erronée, Monsieur le comte de Chambord
demande que Monsieur le comte de Paris, en l'abordant,
déclare qu'il ne vient pas seulement saluer le chef de la maison de Bourbon, mais bien reconnaître le principe dont
Monsieur le comte de Chambord est le représentant, avec
l'intention de reprendre sa place dans la famille.

« Dans ces conditions, Monsieur le comte de Chambord
sera très heureux de recevoir la visite de Monsieur le comte
de Paris.

« Frohsdorf, 3 août 1873. »

Vanssay se fit remettre une note du comte de Paris qui indiquait par avance les points essentiels de la déclaration que nous reproduisons ci-dessous.

Il ne s'agissait plus de renouer simplement des relations familiales mais de donner d'emblée une signification positive à cette entrevue : elle devait sceller la reconnaissance du principe représenté par Henri V.

Le 5 août, vers 9 heures du matin, le comte de Chambord accueillit le comte de Paris qui prononça devant trois des fidèles de Frohsdorf les formules attendues :

« Je viens vous faire une visite qui était depuis longtemps dans mes vœux. Je viens en mon nom et au nom de tous les membres de ma famille, vous présenter nos respectueux hommages, non seulement comme chef de notre maison, mais comme seul représentant du principe monarchique en France.

« Je souhaite qu'un jour vienne où la France comprenne que son salut est dans ce principe. Si jamais elle exprime la volonté de revenir à la monarchie, nulle compétition au trône ne s'élèvera dans notre famille. »

Le comte de Chambord passa ensuite une demi-heure dans ses appartements avec son cousin, Vanssay rapporta dans ses souvenirs qu'il avait entendu la voix joyeuse du comte de Chambord féliciter en ces termes son interlocuteur : « Vous avez fait une bonne action. Le bon Dieu vous en tiendra compte. Vous avez bien fait de venir ainsi tout seul et tout droit. » Selon le comte de Paris, la conversation aurait porté sur les ennemis communs, les radicaux et les bonapartistes.

Le duc d'Audiffret-Pasquier reçut une lettre du comte de Paris, Louis-Philippe d'Orléans, rédigée immédiatement après cette entrevue.

« Rien de ce que j'ai dit ne me pèse, parce que tout cela était déjà dans des sous-entendus qui nous engageaient.

« J'ai dit nettement ce que je voulais dire et refusé non moins nettement de dire ce qui ne me convenait pas. (...)

« La réception a été cordiale, la conversation facile. Demain, on me rend la visite, ce sera sans importance. »

Le comte de Vanssay, de son côté, témoignait de ce qu'Henri V n'avait demandé aucun engagement sur les questions qui pouvaient diviser les princes et donc nulle abdication des opinions personnelles ni des souvenirs de famille. Un accord sur le principe monarchique était déjà une belle victoire et le comte de Chambord parut pleinement satisfait.

Selon le comte de Paris l'affaire avait été menée promptement et convenablement. Un prince d'Orléans donna ce tableau plausible de l'opinion parisienne au 8 août : « En résumé, les Légitimistes sont contents, les Fusionnistes enchantés, les jeunes Orléanistes de même. Quelques anciens Orléanistes laissent percer quelques regrets, la Gauche n'est pas contente et les Bonapartistes sont furieux. »

Cependant, il restait une ultime réconciliation à accomplir, celle des parlementaires conservateurs de toutes nuances. De fait, l'Assemblée nationale avait seule le pouvoir d'aborder, de discuter et de résoudre les questions constitutionnelles de la France.

Henri V et l'Assemblée face à face

Les conditions de la restauration monarchique n'étaient pas encore toutes réunies.

Si la réconciliation de la famille d'Orléans et du comte de Chambord avait été d'abord ressentie comme un succès, elle provoqua émotions et polémiques dans les journaux républicains qui voyaient consolidée l'antique alliance du trône et de l'autel.

La République existait de fait : elle avait réparé la défaite impériale en versant l'indemnité, libéré le territoire de l'occupation étrangère. Enfin, elle avait réorganisé le pays. Ce régime transitoire, qui sera amené à durer, comme on le sait, était à peine nommé. Flaubert s'en étonnait ironiquement dans une lettre de Croisset à Mme Roger des Genettes en septembre 1873 : « Dans quatre mois jouirons-nous d'Henri V ? Je ne le crois pas (bien que cela soit tellement idiot que cela se pourrait) ; la fusion m'a l'air coulée et nous restons en république par la force des choses. Est-ce grotesque ! Une forme de gouvernement, dont on ne veut pas, dont le nom même est presque défendu et qui persiste malgré tout. Nous avons un président de la République, mais des gens s'indignent si on leur dit que nous sommes en république, et on raille dans les livres les " vaines " querelles théologiques de Byzance. »

Les querelles d'octobre 1873 parurent en effet byzantines à nombre de légitimistes. Le silence du comte de Chambord n'apparaissait pas comme une réserve mais comme une menace. Une fois de plus, le comte de Chambord semblait incarner une somme de préjugés ; sa sincérité, lorsqu'il évoquait sa mission ou son projet de réconciliation sociale, n'était pas mise en cause, mais, précisément, on y lisait une foi fanatique et stérile décourageant par avance toute négociation. On imagina de se passer de lui.

En septembre, le comte de Paris fixait deux objectifs au duc d'Audiffret-Pasquier :

« 1º Rassurer les alarmes du pays sur le caractère de la campagne monarchique.

« 2º Engager avec soi le groupe entier des Légitimistes, de manière à pouvoir grouper autour de la Monarchie à la fois constitutionnelle et traditionnelle un bataillon capable de devenir une majorité et de lui faire son programme sans attendre, si cela est nécessaire, l'assentiment du comte de Chambord. »

Du 5 août au 5 novembre, il semble que l'on parla soit des conséquences de la fusion soit des conditions préalables à toute restauration de la monarchie. Il est vrai que sinon, s'il s'était agi du pur et simple retour d'Henri V, on aurait exigé la convocation de l'Assemblée en urgence. Des députés se rendirent auprès du comte de Chambord en septembre. Cette note émanant de Frohsdorf aurait dû les décourager :

« M. le comte de Chambord pense que l'Assemblée doit se borner à le proclamer purement et simplement en faisant suivre cette proclamation de la nomination d'une commission de trente ou cinquante membres, chargés de poursuivre, d'accord avec le roi, l'étude des questions constitutionnelles et des lois organiques. Quant à la question du drapeau que des passions diverses ont cherché à raviver ces derniers temps, M. le comte de Chambord, à son entrée en France, se réserve de la traiter lui-même avec l'armée. Il se fait fort d'obtenir une solution compatible· avec son honneur et ne croit pas devoir recourir, dans cette circonstance, à aucun autre intermédiaire. »

Cependant, le 2 octobre, après de nouvelles négociations, le comte de Chambord modifia sa position sur le drapeau : il rechercherait une solution avec l'Assemblée plutôt qu'avec l'armée.

Quelques députés souhaitaient tenter une ultime ambassade dans l'excellente intention de préparer les travaux de l'Assemblée lorsqu'elle se réunirait. Parmi eux figurait Charles Chesnelong, maire d'Orthez, et orateur assez éloquent. Son rôle fut important sans être décisif dans la suite des événements et le désaccord final d'Henri V et de l'Assemblée. Il n'avait pas toujours été légitimiste, mais, à l'automne 1873, il était partisan de la restauration rapide de la monarchie.

Cependant, une longue lettre envoyée le 13 septembre à M. de Carayon-Latour exposait assez clairement qu'il ne se sentait pas porté par l'enthousiasme du pays : « L'opinion publique ne nous fera pas obstacle. Elle n'est ni enthousiaste, ni empressée. Elle ne donnera pas grand secours ; elle ne créera pas grand embarras. Quant à présent, elle se réserve sans s'opposer. Vienne le succès ; à défaut d'un applaudissement bruyant, on peut compter, du moins, sur un assentiment de satisfaction confiante chez les uns, de raison et de réflexion chez les autres, de lassitude et de soulagement chez la plupart. Le pays ne ferait pas la monarchie ; il la laissera faire sans résistance. »

Cette lettre indiquait les scénarios possibles et les risques encourus.

Elle fut transmise à Frohsdorf. La lettre suivante résumait la position d'Henri V, héritier du principe monarchique : « Il ne doit pas, il ne peut pas sacrifier le principe de son autorité ; c'est son honneur et sa force. Donc, il ne peut pas être Roi par délégation du peuple souverain ; il doit l'être en vertu de son droit héréditaire, non pas créé à nouveau, mais pris où il est et reconnu tel qu'il est. Il ne peut pas davantage accepter comme condition du rétablissement de la royauté une charte faite sans lui et imposée à son acceptation ; il doit faire cette charte d'accord avec la représentation du pays. Ce sont là des principes que le Roi ne peut abandonner sans déchoir ; et, sur ce terrain, l'inflexibilité est à sa place. »

Cette lettre défendait aussi le principe d'une transaction à propos des drapeaux, leur coexistence ou leur fusion. « Le signe après tout ne vaut que par la chose signifiée. Accepté par le Roi et complété par la coexistence ou la fusion du drapeau blanc, le drapeau tricolore ne signifiera pas : révolution. Il signifiera : réconciliation dans l'ordre restauré, dans le respect de tous les souvenirs honorables, dans l'union du Roi, du pays et de l'armée. »

Charles Chesnelong cherchait à ménager et la dignité du roi et celle des parlementaires qu'il fallait unir au sein d'une majorité.

Le 4 octobre, des députés se réunirent pour préparer une nouvelle démarche auprès d'Henri V. Ils nommèrent une commission de neuf membres qui discuta longuement des résolutions à prendre. Charles Chesnelong en faisait partie. Il fut mandaté par cette commission pour se rendre auprès du prince. Celui-ci vint à Salzbourg et lui accorda plusieurs entretiens le 14 octobre.

Charles Chesnelong parla longuement et respectueusement au comte de Chambord qui semblait l'écouter avec attention et même avec satisfaction. « Sa physionomie avait une expression de sérénité parfaite. Son assentiment, bien que silencieux, me parut si manifeste que j'en pris acte... » Sur la question constitutionnelle, le député eut l'impression d'enfoncer une porte ouverte.

Les longs développements de Chesnelong sur la question des drapeaux semblèrent pénibles au comte de Chambord : « Elles l'attristaient sans l'ébranler, et je souffrais de mon impuissance à le persuader. » Lorsque Chesnelong exposa la solution d'une fusion des drapeaux, il nota chez le comte de Chambord un mécontentement visible. A la seconde hypothèse de la coexistence des drapeaux, Henri V répondit : « Je n'accepterai jamais le drapeau tricolore. »

Chesnelong lui demanda et obtint de ne pas répéter cette réponse à la commission et dans la suite des entretiens, le comte de Chambord ne revint plus sur ce mot « jamais ».

Le député voulait défendre la cause de la commission des neuf. Le comte de Chambord se devait d'écouter cette plaidoirie : « J'ai le devoir de tout entendre. » Ce fut très long, très argumenté.

Il fallait emporter l'accord du prince sur trois propositions qu'il résuma ainsi :

« 1° Monsieur le comte de Chambord ne demande pas que rien soit changé au drapeau avant qu'il ait pris possession du pouvoir.

« 2° Il se réserve de présenter au pays et il se fait fort d'obtenir de lui par ses représentants, à l'heure qu'il jugera convenable, une solution compatible avec son honneur et qu'il croit de nature à satisfaire l'Assemblée et la nation.

« 3° Il accepte que la question du drapeau, après avoir été posée par le roi, soit résolue par l'accord du roi et de l'Assemblée. »

Le comte de Chambord donna son plein accord sur les deux premières, mais en définitive il refusa la dernière qui ne préservait pas assez sa liberté devant l'Assemblée.

Les amis du comte de Chambord s'engagèrent, en revanche, à voter pour cet article lorsqu'il serait proposé par la commission des neuf à l'Assemblée. Mais cette promesse ne concernait pas le comte de Chambord comme il le nota lui-même.

Dans le train qui le ramenait à Paris, Chesnelong qui pensait sincèrement que l'avenir de la monarchie, et donc le salut de la France, reposait sur ses épaules, se persuada sur fond d'inquiétude qu'il avait obtenu deux concessions. Somme toute il apportait encore l'adhésion de l'extrême droite à la proposition concernant le drapeau. Il se décida à faire bonne figure. « Je me promis de ne rien dire, écrivit-il plus tard, qui pût ralentir le zèle ou décourager l'ardeur de mes collègues. »

La bonne volonté de Charles Chesnelong n'avait donc d'égale que sa rhétorique casuistique.

En dépit de quelques réticences, on voulut bien le croire, et la commission des neuf fit sien ce texte rédigé par le duc d'Audiffret-Pasquier. On y voit apparaître, dans l'article trois, une mention de la responsabilité des ministres et dans l'article quatre le maintien du drapeau tricolore :

« L'Assemblée nationale, usant du droit constituant qui lui appartient et qu'elle s'est toujours réservé.

« Déclare

« ARTICLE PREMIER. — La monarchie nationale héréditaire et constitutionnelle est le gouvernement de la France. En conséquence, Henri-Charles-Marie-Dieudonné, chef de la famille royale de France, est appelé au trône ; les princes de cette famille lui succéderont de mâle en mâle par ordre de primogéniture.

« ARTICLE 2. — L'égalité de tous les citoyens devant la loi et leur admissibilité à tous les emplois civils et militaires, les libertés civiles et religieuses, l'égale protection dont jouissent aujourd'hui les différents cultes, le vote annuel de l'impôt par les représentants de la nation, et généralement toutes les garanties qui constituent le droit public actuel des Français sont et demeurent maintenus.

« ARTICLE 3. — Le gouvernement du roi présentera à l'Assemblée nationale des lois constitutionnelles ayant pour objet de régler et d'assurer l'exercice collectif de la puissance législative par le roi et deux Chambres, l'attribution du pouvoir exécutif au roi, l'inviolabilité de la personne royale et la responsabilité des ministres qui en est inséparable, et généralement toutes les lois nécessaires à la constitution des pouvoirs publics.

« ARTICLE 4. — Le drapeau tricolore est maintenu ; il ne pourra être modifié que par l'accord du roi et de la représentation nationale. »

Le 18 octobre, quatre-vingts députés approuvèrent cette proposition. On publia alors une note dans les journaux pour annoncer le probable rétablissement de la royauté.

Le 22 octobre, les groupes de parlementaires monarchistes se réunirent à Versailles pour envisager une convocation anticipée de l'Assemblée. La réunion du centre droit présidée par le duc d'Audiffret-Pasquier donna lieu à un compte rendu rédigé par Savary, un jeune secrétaire. Il le communiqua directement à la presse. Voici les inexactitudes les plus flagrantes :

« L'accord est complet, absolu entre les idées de M. le comte de Chambord et celles de la France libérale. (...) Puisque le drapeau tricolore était le drapeau légal, si les troupes devaient le saluer à son entrée en France, (le roi) saluerait avec bonheur le drapeau tricolore. (...) » Les délégués de la droite présents à Salzbourg ont déclaré adhérer « à la rédaction préalablement arrêtée par la commission des neuf, aux termes de laquelle le drapeau tricolore est maintenu ».

Un rectificatif parut le lendemain mais ce compte rendu ressemblait à un piège. Le comte de Chambord comprit qu'on voulait le forcer à s'exprimer. Il dissipa tout malentendu par la longue lettre à Chesnelong datée du 27 octobre et publiée le 30 à Paris dans le journal *L'Union*.

Leçon aux imprudents

Cette lettre est dans la ligne des autres déclarations du comte de Chambord. Cependant, elle consterna tous ceux qui, comptant les voix à l'Assemblée, voulaient que le vote eût lieu rapidement et que la monarchie s'installât définitivement.

Dans la première partie de ce texte, le comte de Chambord parle de lui-même, c'est-à-dire d'Henri V qui ne peut désavouer ni Henri IV ni l'étendard d'Arques et d'Ivry. Dans la seconde partie (« Mais nous avons ensemble... »), il évoque enfin son projet et les obstacles qu'on y met : des conditions, des garanties. Henri V ne peut être un nouveau Louis-Philippe. Il demande la confiance, celle-là même qu'on a accordée au président Mac-Mahon, « ce Bayard des temps modernes ».

« Salzbourg, 27 octobre 1873.

« J'ai conservé, Monsieur, de votre visite à Salzbourg un si bon souvenir, j'ai conçu pour votre noble caractère une si profonde estime, que je n'hésite pas à m'adresser loyalement à vous, comme vous êtes venu vous-même loyalement à moi.

« Vous m'avez entretenu, durant de longues heures, des

203

destinées de notre chère et bien-aimée patrie, et je sais qu'au retour, vous avez prononcé, au milieu de vos collègues, des paroles qui vous vaudront mon éternelle reconnaissance. Je vous remercie d'avoir si bien compris les angoisses de mon âme, et de n'avoir rien caché de l'inébranlable fermeté de mes résolutions.

« Aussi ne me suis-je point ému quand l'opinion publique, emportée par un courant que je déplore, a prétendu que je consentais enfin à devenir le roi légitime de la révolution. J'avais pour garant le témoignage d'un homme de cœur, et j'étais résolu à garder le silence tant qu'on ne me forcerait pas à faire appel à votre loyauté.

« Mais, puisque, malgré vos efforts, les malentendus s'accumulent, cherchant à rendre obscure ma politique à ciel ouvert, je dois toute la vérité à ce pays dont je puis être méconnu, mais qui rend hommage à ma sincérité, parce qu'il sait que je ne l'ai jamais trompé et que je ne le tromperai jamais.

« On me demande aujourd'hui le sacrifice de mon honneur. Que puis-je répondre ? Sinon que je ne rétracte rien, que je ne retranche rien de mes précédentes déclarations. Les prétentions de la veille me donnent la mesure des exigences du lendemain, et je ne puis consentir à inaugurer un règne réparateur et fort par un acte de faiblesse.

« Il est de mode, vous le savez, d'opposer à la fermeté d'Henri V l'habileté d'Henri IV. " La violente amour que je porte à mes sujets, disait-il souvent, me rend tout possible et honorable. "

« Je prétends, sur ce point, ne lui céder en rien, mais je voudrais bien savoir quelle leçon se fût attirée l'imprudent assez osé pour lui persuader de renier l'étendard d'Arques et d'Ivry.

« Vous appartenez, Monsieur, à la province qui l'a vu naître, et vous serez, comme moi, d'avis qu'il eût promptement désarmé son interlocuteur en lui disant avec sa verve béarnaise : " Mon ami, prenez mon drapeau blanc, il vous conduira toujours au chemin de l'honneur et de la victoire. »

« On m'accuse de ne pas tenir en assez haute estime la valeur de nos soldats, et cela, au moment où je n'aspire qu'à leur confier tout ce que j'ai de plus cher. On oublie donc que l'honneur est le patrimoine de la maison de Bourbon et de l'armée française, et que sur ce terrain, on ne peut manquer de s'entendre.

« Non, je ne méconnaissais aucune des gloires de ma patrie, et Dieu seul, au fond de mon exil, a vu couler mes larmes de reconnaissance toutes les fois que, dans la bonne ou la mauvaise fortune, les enfants de la France se sont montrés dignes d'elle.

« Mais nous avons ensemble une grande œuvre à accomplir. Je suis prêt, tout prêt à l'entreprendre quand on le voudra, dès demain, dès ce soir, dès ce moment. C'est pourquoi je veux rester tout entier ce que je suis. Amoindri aujourd'hui, je serais impuissant demain.

« Il ne s'agit rien moins que de reconstituer sur ses bases naturelles une société profondément troublée, d'assurer avec énergie le règne de la loi, de faire renaître la prospérité au-dedans, de contracter au-dehors des alliances durables, et surtout de ne pas craindre d'employer la force au service de l'ordre et de la justice.

« On parle de conditions ; m'en a-t-il posé, ce jeune prince, dont j'ai ressenti avec tant de bonheur la loyale étreinte, et qui, n'écoutant que son patriotisme, venait spontanément à moi, m'apportant au nom de tous les siens des assurances de paix, de dévouement et de réconciliation ?

« On veut des garanties ; en a-t-on demandé à ce Bayard des temps modernes, dans cette nuit mémorable du 24 mai, où l'on imposait à sa modestie la glorieuse mission de calmer son pays par une de ces paroles d'honnête homme et de soldat, qui rassurent les bons et font trembler les méchants ?

« Je n'ai pas, c'est vrai, porté comme lui l'épée de la France sur vingt champs de bataille, mais j'ai conservé intact, pendant quarante-trois ans, le dépôt sacré de nos traditions et de nos libertés. J'ai donc le droit de compter sur la même confiance et je dois inspirer la même sécurité.

« Ma personne n'est rien ; mon principe est tout. La France verra la fin de ses épreuves quand elle voudra le comprendre. Je suis le pilote nécessaire, le seul capable de conduire le navire au port, parce que j'ai mission et autorité pour cela.

« Vous pouvez beaucoup, Monsieur, pour dissiper les malentendus et arrêter les défaillances à l'heure de la lutte. Vos consolantes paroles, en quittant Salzbourg, sont sans cesse présentes à ma pensée : la France ne peut pas périr, car le Christ aime encore ses Francs, et lorsque Dieu a résolu de sauver un peuple, il veille à ce que le sceptre de la justice ne soit remis qu'entre des mains assez fermes pour le porter.

« Henri »

Au moment où cette lettre était apportée à Paris par le comte de Monti, un officier, envoyé par le général Ducrot, se dirigeait vers Frohsdorf pour prier le roi de garder le silence. Il arriva bien trop tard.

La publication de la lettre à Chesnelong provoqua des commentaires étonnants. *La République française* saluait à sa façon Henri V en tonnant contre les parlementaires légitimistes et orléanistes :

« Quant aux intrigants et aux fourbes qui prétendaient se servir d'Henri de Bourbon comme d'un instrument docile pour leur dessein, c'est à peine si nous pouvons dire le mépris qu'ils inspirent à cette nation qu'ils espéraient tromper. Jamais conspirateurs de bas étage n'ont mérité ni reçu pareille leçon. Ils ont pris Henri V pour un fantôme de roi, prêt à se plier à tous les caprices de ceux qui le mettraient en avant ; ils doivent maintenant connaître à quel point ils s'abusaient. (...) Ce pieux chrétien sait ce que sont les baisers de Judas. »

On imagine les visites, les courriers, les conversations, les discours qui furent multipliés dans le petit monde de la politique parisienne. Le gouvernement de Mac-Mahon souhaitait rester discrètement à l'écart. Cependant, il lui fallait reconnaître que si le comte de Chambord était impossible, il fallait s'attendre à la prorogation de ses propres pouvoirs. A défaut de réaliser une monarchie tricolore, il fallait organiser le transitoire, c'est-à-dire la république.

Le duc d'Audiffret-Pasquier résumait ainsi son point de vue d'orléaniste :

« La République sortie de la nécessité des choses, nous n'avions jamais voulu l'accepter, parce qu'elle mettait en danger, avec nos croyances religieuses, tous les principes sur lesquels repose la conservation sociale.

« Nous n'avions cessé de dire qu'au milieu de l'Europe monarchique, la Royauté seule pouvait nous rendre notre prestige, notre autorité et dans son intégrité, le territoire, glorieux patrimoine légué par les anciens. »

Les royalistes savaient que le président Mac-Mahon était un moindre mal pour leur cause, mais aussi que « le suffrage universel, avec son implacable logique, ne tarderait pas à remettre la République aux mains des républicains ».

Pour que la prorogation de la présidence du maréchal de Mac-Mahon ne puisse conduire qu'à une république énergiquement conservatrice, il fallait lui donner des pouvoirs réels. Ainsi, pensait-on substituer aux perspectives de la monarchie héréditaire la promesse de quelques années de sécurité, en attendant — pourquoi pas ? — la mort d'Henri V et l'avènement d'un de ces princes d'Orléans, populaires parce qu'ils avaient combattu dans les armées françaises.

« J'attends peu de l'habileté des hommes », avait écrit le comte de Chambord le 8 février 1873. Il lui fallait maintenant attendre beaucoup de leur loyauté.

Charles Chesnelong, souvent accusé, se défendit avec dévouement et talent contre toutes les attaques. Le comte de Chambord ne fit jamais démentir ses propos.

Les princes d'Orléans déclinèrent les offres de régence et de lieutenance générale : « Le comte de Paris et ses oncles étaient profondément touchés de la marque d'estime qu'on venait de leur donner, mais après avoir fait la démarche du 5 août et déclaré à M. le comte de Chambord que, si la monarchie devait être rétablie, il ne trouverait pas dans sa famille de compétiteur au trône, M. le comte de Paris ne croyait pas que la substitution du titre de Régent à celui de Roi suffît à le délier d'un engagement d'honneur. »

Le comte de Chambord apprit avec satisfaction cette décision qu'il nota dans ses carnets. Cependant, elle lui montrait assez qu'on se détournait de lui et que son principal adversaire était maintenant le président légitimiste de la France, le maréchal de Mac-Mahon.

Henri V à Versailles

Le 4 novembre, la veille de la reprise des travaux de l'Assemblée, le comte de Chambord quitta Frohsdorf pour se rapprocher de la frontière française. Il mettait tout son espoir dans ce voyage à Paris qui lui permettrait sans doute par le simple fait de paraître à l'Assemblée de susciter l'enthousiasme autour de sa personne. Son voyage eut en fait une portée moindre.

Ce même jour, Flaubert écrivait à propos de la restauration de la monarchie :

« ... je n'ai vu que des gens effrayés par cette perspective.

« Faut-il être assez ignorant en histoire pour croire à l'efficacité d'un homme, pour attendre un messie, un sauveur ! Vive le bon Dieu et à bas les Dieux ! Est-ce qu'on veut prendre tout un peuple à rebrousse-poil ! nier quatre-vingts ans de développement démocratique, et revenir aux chartes octroyées !

« Ce qu'il y a de comique, c'est la colère des partisans de Chambord contre ledit sieur ! On est tellement bête de ce côté-là qu'on ignore le principe même du prétendu droit divin que l'on veut défendre. Et tout en prêchant pour lui, on le renverse. J'avoue que j'ai un poids de moins sur la poitrine. N'importe ! le petit-fils de Saint Louis est un honnête homme et il nous a épargné de grands désastres. »

Le 5 novembre, s'ouvrit la session parlementaire. Le duc de Broglie lut le message de Mac-Mahon qui montrait la nécessité d'un « pouvoir exécutif durable et fort ». Pendant les jours qui suivirent, les députés examinèrent le projet de prorogation des pouvoirs du Président. Le comte de Chambord apprit tout cela et se décida à rentrer en France.

Le dimanche 9 novembre, le comte de Chambord arrivait de Bâle à Paris. Il s'installa à Versailles chez le comte de Vanssay au 5 de la rue Saint-Louis. Du 9 au 21 novembre, il disposa d'un petit pavillon séparé dans le jardin. Il ne sortit guère de ce lieu tenu secret.

C'est à Versailles qu'il révéla le but de ce voyage à certains de ses fidèles partisans. Se défiant de l'Assemblée, il voulait rencontrer le maréchal de Mac-Mahon pour examiner la situation et la marche à suivre pour assurer la monarchie si celle-ci ne pouvait être proclamée immédiatement.

A Stanislas de Blacas, parent de Mme de Mac-Mahon, le maréchal aurait refusé cet entretien secret. Il assura Blacas de son dévouement mais voulait rester l'homme de la légalité : « Le souverain, maintenant, n'est-ce pas l'Assemblée ? » Il fallait que tout reste sur le terrain de l'honneur.

Le comte de Chambord ne pouvait se déplacer chez le président Mac-Mahon et ce dernier ne pouvait rendre visite au comte de Chambord parce qu'il aurait trahi la confiance de l'Assemblée. Le comte de Chambord, à l'annonce de ce refus, eut, dit-on, ce mot à propos du Bayard des temps modernes : « Je croyais avoir affaire à un connétable ; je n'ai trouvé qu'un capitaine de gendarmerie. »

Il ne restait plus qu'à attendre la prorogation des pouvoirs, afin d'être en mesure d'intervenir immédiatement si elle était rejetée.

Tout était prêt. Dans cette maison de Versailles, Henri V vécut douze longs jours : il suivait de loin les débats parlementaires, lisait les journaux. L'uniforme de lieutenant général du royaume, le grand cordon de la Légion d'honneur, un bicorne à plumes blanches attendaient ce jour du triomphe qui, avait-il dit, est un « secret de Dieu ».

Les préparatifs d'une entrée solennelle à Paris ne s'arrêtaient pas là. Maxence de Damas avait choisi le destrier du roi et l'entraînait quotidiennement en public au Champ-de-Mars. Les carrosses, confiés à Binder, étaient prêts.

Le 17 novembre, le comte de Chambord sortit enfin de cette retraite pour revoir le parc de Saint-Cloud et assister aux obsèques de l'amiral Tréhouard aux Invalides. Le journal *L'Univers* du mercredi 3 décembre nous a laissé la description de cette scène :

« A propos du dernier séjour en France de Monsieur le comte de Chambord, la plupart des journaux ont affirmé qu'on n'avait pas vu le Prince à Paris. Nous savons pourtant qu'il y est venu. Le jour des funérailles de l'amiral Tréhouart, près de l'esplanade des Invalides, stationnait une voiture de place dans laquelle on aurait pu remarquer un voyageur très attentif à la manœuvre et au défilé des troupes.

« Le cocher, à qui le voyageur avait dit de le placer de façon à bien voir, s'évertuait à le vouloir convaincre qu'il verrait mieux s'il regardait comme tout le monde, au lieu de se tenir dans le fond de la voiture. Le voyageur n'écoutait rien, mais, tout en se dissimulant de son mieux, suivait avec une émotion visible un régiment de cuirassiers qui passait. Quand ce fut fini, le voyageur donna un ordre et la voiture partit.

« C'était le comte de Chambord qui venait enfin de réaliser un de ses plus grands désirs : voir sous les armes un régiment français. »

Ce même 17 novembre, commençait à l'Assemblée la discussion sur la durée du mandat présidentiel. Elle fut reprise les 18 et 19 novembre jusqu'au vote du septennat.

Les légitimistes n'avaient aucune consigne. Ils ignoraient même la présence du comte de Chambord à Versailles. L'un d'entre eux vota contre la prorogation. Les autres, sauf sept qui s'abstinrent, votèrent pour. Ils pensaient ainsi barrer la route aux initiatives républicaines. La majorité conservatrice l'emporta alors d'une soixantaine de voix sur près de huit cents : elle aurait pu aussi bien voter la restauration de la monarchie.

Le duc de Broglie savait à cette date que le comte de Chambord était à Versailles. Dans ses *Souvenirs,* il reprit la légende diffusée par le comte de Falloux selon laquelle le comte de Chambord était allé attendre dans la cour du palais de Versailles le résultat de ce scrutin au pied de la statue de Louis XIV. Voici cette image parfaitement romanesque : « L'idée que, pendant que j'étais à la tribune, le petit-fils d'Henri IV montait la garde auprès de la statue d'un grand roi, tenant un drapeau caché dans les plis d'un manteau couleur de muraille et attendant le succès ou l'échec de mon éloquence, saisit fortement mon imagination. »

Henri V, s'il ne porta point ce manteau couleur de muraille qu'on lui prête, était bien près de se transformer en statue impuissante. Le voyage de Versailles était un échec, comparable à l'aventure vendéenne de Marie-Caroline de Berry. Il en avait le mystère mais non le danger. Mac-Mahon avait dû confier à la police le soin de préserver d'un nouveau Louvel un héritier plus attaché aux principes de la royauté qu'à l'exercice du pouvoir.

Épilogue

La chaîne de nos destinées

Pendant les dix ans qui suivirent, le comte de Chambord vécut à Frohsdorf. Il suivit de loin les épisodes de la vie politique française et les multiples interprétations des événements de la période 1871-1873.

Condamné à l'inaction, il répéta, avec une patience désabusée ces phrases destinées à lutter contre des discours qui les trahissaient :

« Je connais toutes les accusations portées contre ma politique, contre mon attitude, mes paroles et mes actes.

« Il n'est pas jusqu'à mon silence qui ne serve de prétexte à d'incessantes récriminations. Si je l'ai gardé depuis de longs mois, c'est que je n'ai pas voulu rendre plus difficile la mission de l'illustre soldat dont l'épée vous protège.

« Mais aujourd'hui, en présence de tant d'erreurs accumulées, de tant de mensonges répandus, de tant d'honnêtes gens trompés, le silence n'est plus permis. L'honneur m'impose une énergique protestation.

« En déclarant, au mois d'octobre dernier, que j'étais prêt à renouer avec vous la chaîne de nos destinées, à relever l'édifice ébranlé de notre grandeur nationale, avec le concours de tous les dévouements sincères sans distinction de rang, d'origine ou de parti ;

213

« En affirmant que je ne rétractais rien des déclarations sans cesse renouvelées, depuis trente ans, dans les documents officiels et privés qui sont dans toutes les mains ;

« Je comptais sur l'intelligence proverbiale de notre race et sur la clarté de notre langue. »

Ce large extrait du Manifeste du 2 juillet 1874, qui donnait par ailleurs, une fois de plus, la définition d'une monarchie tempérée plus forte que la monarchie anglaise, trouva des échos dans une autre lettre de 1878. Il remerciait alors Albert de Mun de réduire à néant « ces odieux mensonges mille fois réfutés et toujours reproduits, ces misérables équivoques à l'endroit du passé ».

En 1879 encore, au marquis de Foresta, il écrivait à nouveau : « On a répété à satiété que j'avais repoussé volontairement l'occasion merveilleuse de remonter sur le trône de mes pères. Je me réserve de faire, quand il me plaira, la lumière totale sur les événements de 1873 ; mais encore une fois, mon vieil ami, je vous remercie d'avoir protesté avec l'indignation que mérite un tel soupçon. (...) Le pays attendait un roi de France, mais les intrigues de la politique avaient résolu de lui donner un maire du palais.

« Si, devant l'Europe attentive, au lendemain de désastres et de revers sans nom, j'ai montré plus de souci de ma dignité royale et de la grandeur de ma mission, c'est, vous le savez bien, pour rester fidèle à mon serment de n'être jamais le roi d'une fraction ou d'un parti.

« Non, je n'accepterai point la tutelle des hommes de fiction et d'utopie ; mais je ne cesserai de faire appel au concours de tous les honnêtes gens. (...) »

Henri V reconnaissait bien avoir montré en 1873 un souci particulier de sa dignité et de sa grandeur. Sa majesté l'avait rendu inaccessible : il ne pouvait parlementer avec les parlementaires. Mais il ne rompit jamais le dialogue avec le peuple de ceux auxquels il apportait des secours.

Les secours du roi

La monarchie chrétienne que le comte de Chambord voulait instaurer s'appuyait sur la tradition de charité des rois de France. Le modèle de Saint Louis est en ce sens plus prégnant que celui d'Henri IV.

Enfant, Henri V avait été élevé dans cet esprit de bienfaisance rapporté dans les mémoires de ceux qui avaient en charge son éducation.

Sa fortune était gérée avec exactitude et compétence par un de ses secrétaires, si bien qu'à sa mort elle avait été doublée. Cependant, le comte de Chambord ne cessa pas de distribuer des secours. La correspondance de son secrétariat de Chambord témoigne de l'ampleur et de la constance de ses activités de bienfaisance.

Des centaines de dossiers de demandes et un fichier nominal, indiquant les sommes versées et les dates, en gardent les traces.

Les solliciteurs sont généralement très vite exaucés. Lorsqu'en août 1866, « le sieur Mathieu L., ancien serviteur de Mgr le duc de Berry, se trouve gêné et inquiet pour payer sur sa petite pension sa nourriture », il reçoit, quelques jours après, le secours attendu.

Le style de ces demandes est souvent tout aussi pompeux et maladroit que touchant. Derrière la rhétorique du respect se dissimulent mille et une misères : cécité, veuvage, accident, chômage.

Ces lettres, qui témoignent d'un total abandon, se lisent comme des litanies de la pauvreté. Ainsi, cette « pétition » de janvier 1867 :

« C'est avec une respectueuse confiance dans votre ineffable bonté que je viens comme les douloureuses années précédentes déposer à vos pieds une humble demande de secours. »

Et encore :

« Plongé dans la douleur la plus profonde, je tourne mon regard vers votre inépuisable bonté et, comme les années précédentes, je vous présente mon humble supplique à l'effet d'obtenir votre secours... »

Certains de ces secours sont annuels. D'autres ne sont qu'éventuels : alors, pour tel ou tel cas, « Mgr ne prend pas d'engagement pour l'avenir » (août 1869).

Parfois les demandes de secours sont commentées avec ironie : celle du sieur Delacour, « qui a facilement oublié la promesse de ne rien demander » (26 novembre 1876) ou encore celle d'un M. de La Roche qui se dit dans une grande gêne. « Pour moi, ajoute Barrande, j'ai peine à concevoir qu'il ne puisse pas vivre modestement avec les sommes qu'il reçoit sous divers noms. » Barrande demande pour lui une avance de quatre mille francs qui s'ajoutera aux allocations de chaque mois.

Joachim Barrande, installé à Prague, était chargé de transmettre à Chambord les ordres de Frohsdorf. A propos d'un secours retardé, il écrit le 18 août 1869 : « Voilà pourquoi des lettres directement adressées à Frohsdorf dérangent l'ordre établi. »

Certains courriers concernaient les autorisations de chasse dans le domaine de Chambord. « J'ai écrit hier à M. Arnoult en lui envoyant deux permissions pour la chasse à courre ; l'une pour M. de Vibraye, au printemps 1870, et l'autre pour M. de Puységur en automne de la même année. Monseigneur n'accorde plus à personne le privilège exclusif dont a joui le général de La Rochejaquelein. »

L'année précédente, en 1869, il n'y eut, exceptionnellement, aucune autorisation. Barrande en donnait la raison : « Monseigneur ne permet cette année aucune chasse à courre à Chambord. C'est un hommage rendu à la mémoire de M. le général de La Rochejaquelein et un témoignage des sincères regrets que sa mort inspire à la famille royale » (24 janvier 1869).

Cette correspondance de Joachim Barrande donne aussi de brèves nouvelles des santés royales. « Monseigneur a eu un mal de gorge qui n'est pas encore dissipé » (13 mai 1869), « Monseigneur est rentré à Frohsdorf le 10 de ce mois, ayant quelques douleurs rhumatismales, mais d'ailleurs en bonne santé » (18 novembre 1869).

De Prague, le 22 mars 1875 : « J'ai su que Monseigneur et Madame sont allés passer la semaine dernière à Vienne, ce qui indique le bon état de leur santé. »

Le 28 avril : « J'ai eu l'honneur de voir ici Madame la comtesse de Chambord, qui est arrivée le 12 courant pour faire une visite à sa tante l'impératrice Marie-Anne. Elle est repartie le 14 au matin, avec son frère le duc de Modène. Sa santé paraît très bonne et elle m'a dit qu'il en était de même de la santé de Monseigneur qui est pour quelques jours à Chlumetz au midi de la Bohême, chez le duc de Modène, afin de chasser le coq des bois. »

De Marienbad, le 25 juillet 1875, Barrande commençait ainsi sa lettre : « Je suis heureux de pouvoir vous dire que Monseigneur est en ce moment dans toute la plénitude et dans une véritable fleur de santé. Madame la comtesse de Chambord se loue beaucoup des bons effets des eaux et le rétablissement de sa santé paraît maintenant assuré. » De Prague, quatre jours plus tard : « J'ai quitté hier Monseigneur et Madame très satisfaits de leur cure. Ils ne quitteront Marienbad que dans huit à dix jours. »

La correspondance ainsi accumulée montre que si Henri V ne régnait pas effectivement, il avait bien un ministère de la Bienfaisance à Chambord. Il lui confia à l'occasion le soin d'organiser des ateliers et de transformer le château en hôpital de guerre.

A Frohsdorf, on sait que la comtesse de Chambord ne

quittait pas ses ouvrages de dame de charité, entretenait des églises, distribuait des secours aux pauvres des environs.

Les fichiers de Chambord, si méthodiques et si discrets, concernent la France entière. On ignore leurs liens avec la propagande légitimiste très active dans l'Ouest et le Midi. Ils ne font état que des situations particulières de secourus, qui devaient présenter toutes les garanties de moralité, de religion et de foi dans la famille.

Le contraste de la retraite du comte de Chambord à Frohsdorf et des brillantes fêtes ou des plaisirs de son père le duc de Berry et de sa mère Marie-Caroline, aux Tuileries ou à Rosny, fait apparaître plus austère encore le portrait presque anachronique de ce prince qui mourut en exil.

La mort d'Henri V

La IIIᵉ République, après une naissance bien laborieuse, trouva enfin sa confirmation le 30 janvier 1875 par 354 voix contre 353, autrement dit à une voix près, comme la mort de Louis XVI. En 1879, elle se donnait une forme stable qui devait correspondre à la société plus laïque et plus moderne de la fin du siècle. Jusqu'en 1883, date de la mort du comte de Chambord, la restauration n'était pas impossible, mais improbable. Il fallait se tenir prêt.

Le petit royaume de Frohsdorf survivait autour de son prince vieillissant. La colonie française avait son village où résidaient les gens de la maison du roi. Les enfants prenaient la place des parents au service du roi.

En 1879, il semble que le projet d'un coup de force, s'appuyant sur les comités royalistes réorganisés par Dreux-Brézé et conduit par le général Ducrot, ait redonné de la force à l'exilé. Cependant, il constatait amèrement : « On m'envoie chaque matin, de tous les points de France, des projets, des plans, des conseils. Est-il un seul de mes correspondants qui soit disposé à prendre la responsabilité du moindre commencement d'exécution ? »

Au début de l'année 1883, un régime sévère l'avait enfin débarrassé de son obésité. Il avait enfin maigri, mais s'était affaibli. En sortant de la cathédrale de Goritz après la messe du Jeudi saint du 22 mars 1883, il éprouva une vive douleur à la jambe droite qu'on appela « le coup de fouet de Goritz ». Un repos complet améliora son état, et il put revenir à Frohsdorf : il reprit avec modération ses activités. Une indigestion de fraises le 13 juin détermina une nouvelle aggravation de son état. Le 5 juillet, il reçut l'extrême-onction.

Le 7 juillet 1883, en dépit de l'opposition de la comtesse de Chambord, il accueillit les princes d'Orléans. Ce fut l'occasion d'effusions.

Les récits des témoins donnent les détails d'une agonie lente qui dura jusqu'au matin du 24 août 1883. Tous les journaux publiaient quotidiennement des dépêches sur l'état de santé du malade qui souffrait.

Cette mort lente ne simplifia pas les querelles dynastiques qui avaient divisé les monarchistes français en 1830. La comtesse de Chambord les raviva lorsqu'il fallut établir le protocole des obsèques.

Lors de la cérémonie familiale du 1er septembre à Frohsdorf, le comte de Paris parut à son rang de parenté, après les neveux du défunt, le duc de Parme, le comte de Bardi et le duc de Madrid.

Le comte de Chambord avait souhaité être enterré dans la crypte du couvent franciscain de la Castagnavizza que l'on appela le « Saint-Denis de l'exil ». Une couronne fut déposée sur le cercueil posé sur un soubassement de marbre blanc. Les cercueils de la comtesse de Chambord et du duc de Blacas furent également déposés dans cette crypte qui ne souffrit pas des bombardements de la Première Guerre mondiale.

Le comte de Paris avait exigé le premier rang aux cérémonies publiques de Goritz le 2 septembre et ainsi d'occuper la place d'héritier du royaume de France. En dépit de l'appui que lui apporta l'empereur François-Joseph, il ne put tenir ce rang et s'abstint de paraître à Goritz.

Certains légitimistes avancèrent que le successeur d'Henri V ne pouvait être selon la loi salique que son beau-frère, l'infant d'Espagne. Malgré le vœu de ces légitimistes — surnommés « blancs d'Espagne » —, le chef espagnol des Bourbons ne fit pas valoir ses prétentions.

Les comités royalistes installés par le comte de Chambord furent tous dissous et une partie des légitimistes fit parvenir au comte de Paris une adresse formant des vœux pour son accession au trône.

La mort de la comtesse de Chambord en 1886 éteignit l'anti-orléanisme des derniers intransigeants. Mais la Chambre et le Sénat votèrent l'exil de la famille d'Orléans. Le 24 juin 1886, le comte de Paris gagna l'Angleterre où il mourut huit ans plus tard.

Le pays reconnaissait ainsi l'existence du principe monarchique qu'il excluait.

Le drapeau blanc

Henri V fut sévèrement jugé par ses contemporains. On lui reprocha son inaction :

« Comment pouvait-il continuer à parler comme s'il ne croyait qu'à la magie du drapeau blanc et demeurer inactif comme s'il était convaincu de l'invincible puissance du drapeau tricolore ? » s'interrogeait le comte de Falloux. On lui reprocha aussi une fermeté qui confinait à la fermeture. « Par deux fois, écrit le duc de Broglie, ce prince étrangement aveugle tint la monarchie dans sa main et ne voulut pas l'ouvrir. »

Ses entreprises, comme l'expédition vendéenne de Marie-Caroline, avaient le tort de ne pas réussir. Elles eurent le mérite d'être pacifiques. On l'a vu, son respect des pouvoirs établis lui interdisait de troubler l'ordre public. Paradoxalement, il ne pouvait proposer son dévouement que dans les moments troublés de la Révolution de 1848 ou de la période 1871-1873 qui a connu la Commune.

Mais à ces moments-là, où l'histoire s'écrivait plus vite dans l'effervescence des esprits, si le pays eut besoin d'ordre, il recula devant le petit-fils de Charles X. A dire vrai, ce sont les représentants du pays qui reculèrent, ces parlementaires hostiles dont se défiait le comte de Chambord. La nouvelle force est là : elle a sa souveraineté. Le comte de Chambord aurait pu tenir le pouvoir d'un vote proclamant la restauration : mais, et tout est là, pour obtenir la majorité à coup sûr, les députés royalistes eux-mêmes voulaient des garanties qui leur réserveraient une part de cette souveraineté que le comte de Chambord ne pouvait tenir que de Dieu et de sa naissance. Les prétentions de la veille donnant, dit-il, la mesure des exigences du lendemain, la restauration se serait heurtée à une opposition exigeant précisément la chute d'une monarchie qui aurait été autoritaire, sinon absolue, comme le témoigne le manifeste de 1874.

Pas de coup d'État, pas de coup de force, mais cette double majesté du malheur et de la vertu ; le marquis de Belleval, évoquant les tolérances ou au moins les silences de la police impériale, disait des fidèles du Bureau du roi pour lequel lui-même se dévoua : « L'on nous tenait pour essentiellement inoffensifs parce que nous étions des platoniques en politique. »

La gauche républicaine ignora Henri V en l'enfermant avec son drapeau dans une galerie historique où voisinaient les croisés les plus pieux et les preux chevaliers.

Henri V était la contre-révolution. Son adolescence, dominée par la fille de Louis XVI, la duchesse d'Angoulême, le laissait assez prévoir. A ce titre, il n'était déjà plus du siècle.

Victor Hugo, dont nous tenons l'expression « fier suicide » a ainsi donné une sorte de bénédiction à cet homme qui était né pour prendre place dans l'histoire, « région de chute et de victoire ».

A HENRI V

J'étais adolescent quand vous étiez enfant;
J'ai sur votre berceau fragile et triomphant
Chanté mon chant d'aurore; et le vent de l'abîme
Depuis nous a jetés chacun sur une cime,
Car le malheur, lieu sombre où le sort nous admet,
Étant battu de coups de foudre, est un sommet.
Le gouffre est entre nous comme entre les deux pôles.
Vous avez le manteau de roi sur les épaules
Et dans la main le sceptre, éblouissant jadis;
Moi j'ai des cheveux blancs au front, et je vous dis :
C'est bien. L'homme est viril et fort qui se décide
A changer sa fin triste en un fier suicide;
Qui sait tout abdiquer, hormis son vieil honneur;
Qui cherche l'ombre ainsi qu'Hamlet dans Elseneur,
Et qui, se sentant grand surtout comme fantôme,
Ne vend pas son drapeau même au prix d'un royaume.
Le lys ne peut cesser d'être blanc. Il est bon,
Certes, de demeurer Capet, étant Bourbon;
Vous avez raison d'être honnête homme. L'histoire
Est une région de chute et de victoire
Où plus d'un vient ramper, où plus d'un vient sombrer.
Mieux vaut en bien sortir, prince, qu'y mal entrer.

C'est attribuer à ce seul homme dont Thiers et d'autres ont ironiquement dit qu'il était le fondateur de la République en France (un « Washington français ») la paternité d'un refus historique que d'autres avaient conçu.

L'homme fut bien cependant une des figures du XIXe siècle. K. Marx parle de « la foi superstitieuse en la légitimité, comme dernière amulette contre l'anarchie ». Qu'on ne s'y trompe pas : le comte de Chambord a été idolâtré. Si ses refus politiques ont profondément divisé le parti de l'ordre, sa personne dont il disait qu'elle n'était rien cristallisa des espérances pieuses : médailles, bustes, gravures, insignes, fleurs de lys et leurs applications décoratives en mille bijoux et mille bibelots dont certains sont posthumes. Le fondateur de l'histoire iconographique du comte de Chambord, le Nîmois Henry Bauquier, projetait un ouvrage intitulé *L'Idolâtrie légitimiste au XIXᵉ siècle.*

Le rayonnement du dernier représentant de la branche aînée des Bourbons, cet éclat produit par une mystique qui lui survécut se simplifièrent dans ces reliques sentimentales. Sur la blancheur d'un drapeau, sur la pureté d'un lys emblématique, la légende s'était grandie de l'exil d'Henri-Dieudonné au point que sa mort même ne parut que prolonger son éternelle absence.

Le légitimisme aujourd'hui...

La fusion n'a pas été acceptée par tous les royalistes. Certains légitimistes se sont tournés vers un Orléans, le comte de Paris. D'autres ont choisi de se rallier à la branche d'Espagne. Elle est aujourd'hui représentée par Alphonse, duc d'Anjou et de Cadix.

Annexes

Orientations bibliographiques

1. Textes du comte de Chambord

Les textes politiques — lettres et manifestes — du comte de Chambord ont été publiés. Nous avons essentiellement utilisé les deux recueils suivants : *Étude politique, Correspondance de 1841 à 1871* (Genève, 1871) et *La Monarchie française. Lettres et documents politiques* (Paris, 1907).

Le *Voyage en Italie — 1839 à 1840* a été publié avec un avant-propos et des notes par le prince Sixte de Bourbon (Paris, 1933). Le *Journal de voyage en Orient — 1861* a été édité par A. Chaffanjon et préfacé par le comte de Paris (Paris, 1984).

2. Études sur le comte de Chambord

Au XIXᵉ siècle, les principaux auteurs contemporains du comte de Chambord sont Henri de Pêne, Alexandre de Saint-Albin et Alfred Nettement.

Pierre de Luz a proposé la première étude historique d'ensemble avec son *Henri V* (Paris, 1931). Le duc de Castries a consacré à la période 1871-1873 plus de la moitié de son important ouvrage, *Le grand refus du comte de Chambord* (Paris, 1970), repris dans les tomes II et III de *La Monarchie interrompue* (Paris, 1983). Alain Jossinet a donné, la même année (centenaire de la mort) un éloge documenté : *Henri V, duc de Bordeaux, comte de Chambord* (Bordeaux, 1983).

Enfin, il faut signaler l'utile synthèse de Stéphane Rials, *Le légitimisme* (Paris, 1983) et du même auteur *Révolution et contre-révolution au XIXᵉ siècle* (Paris, 1987).

3. Iconographie du comte de Chambord

Outre les ouvrages d'Henry Bauquier et de Gaston Cavalier, épuisés, on peut consulter de Luigi Bader, *Le comte de Chambord et les siens en exil* (Paris, 1983), de Jacqueline du Pasquier, *Le duc de Bordeaux* (Bordeaux, 1977) et de Dominique Costa, *Le duc de Bordeaux* (Nantes, 1978).

4. Le château de Chambord

Le don du Chambord au jeune duc de Bordeaux a suscité une importante littérature.

La *Bibliographie du domaine et du château de Chambord* (décembre 1972, inédit) de Martine Tissier de Mallerais, conservatrice du château et des musées de Blois, signale et analyse les principaux titres. Les documents d'archives cités sont aux archives départementales de Loir-et-Cher.

On peut citer deux ouvrages : J.-J. Merle, *Description historique et pittoresque de Chambord* (Paris, 1832) et C.-F. Vergnaud-Romagnesi, *Notice sur le château de Chambord, sur ses dépendances, sur les moyens de l'utiliser d'une manière digne de sa destination primitive et de la France qui l'a racheté* (Paris, 1832).

5. Bibliographie

Les études citées contiennent des indications bibliographiques. L'actualité de l'historiographie légitimiste est analysée notamment par la revue *La science historique* dont le n° 8-9 (été-automne 1984) est consacré au centenaire d'Henri V.

AGULHON Maurice, *1848 ou l'apprentissage de la république, 1848-1852. Nouvelle histoire de la France contemporaine,* vol. VIII, Paris, 1979.

AUBERT R., *Le pontificat de Pie IX (1846-1878),* Paris, 1963.

AUDIFFRET-PASQUIER, duc d', *La maison de France et l'Assemblée nationale. Souvenirs 1871-1873,* Paris, 1938.

BAUQUIER Henry, *Histoire iconographique du comte de Chambord,* Paris, 1942.
— *Album numismatique et souvenirs iconographiques de la duchesse de Berry,* Paris, 1951.

BAUQUIER Henry et CAVALIER Gaston, *Histoire numismatique du comte de Chambord,* Paris, 1929.

BEAU DE LOMÉNIE Emmanuel, *La Restauration manquée,* Paris, 1932.

BELLANGER Claude (et al.), *Histoire générale de la presse française,* t. II, de 1815 à 1871, Paris, 1969.

BELLEVAL, marquis de, *Souvenirs contemporains,* Paris, 1900.

BOULOGNE Étienne-Antoine de, *Oraison funèbre de S.A.R. le duc de Berry,* Paris, 1820.

CASTRIES, duc de, *Le grand refus du comte de Chambord. Le testament de la Monarchie, t. V. La légitimité et les tentatives de restauration de 1830 à 1886,* Paris, 1970.
— *Louis-Philippe,* Paris, 1972.
— *La Monarchie interrompue,* Paris, 1983.

CHAMBORD, comte de, *Étude politique. Correspondance de 1841 à 1871,* Genève, 1871.
— *Voyage en Italie 1839 à 1840,* publié par le P. Sixte de Bourbon, Paris, 1933.
— *Journal de voyage en Orient (1861),* présenté par A. Chaffanjon, Paris, 1984.

CHAMBORD, comte de, comte de PARIS, duc d'ORLÉANS. *La Monarchie française. Lettres et documents politiques (1844-1907),* Paris, 1907.

CHATEAUBRIAND François-René de, *Mémoires, lettres et pièces authentiques touchant la vie et la mort du duc de Berry,* Paris, 1820.
— *Œuvres complètes,* t. XXV, *Mélanges politiques,* Paris, 1827.
— *Mémoires d'outre-tombe* (2 vol.), Paris, 1973.
— *Vie de Rancé,* in *Œuvres romanesques et voyages,* t. I, Paris, 1969.

CHAZET Alissan de, *La nuit et la journée du 29 septembre 1820 ou détails authentiques de ce qui s'est passé le jour de la naissance de Mgr le duc de Bordeaux,* Paris, 1820.
— *Éloge historique de S.A.R. le duc de Berry,* Paris, 1820.

CHESNELONG Charles, *La campagne monarchique d'octobre 1873,* Paris, 1895.

CHOLET Fortuné de, *Madame, Nantes, Blaye, Paris,* Paris, 1833.

COSTA Dominique, *Le Duc de Bordeaux,* Nantes, 1978.

DAMAS, baron de, *Mémoires publiés par son petit-fils,* t. I et II, Paris, 1922.

FALLOUX, comte de, *Mémoires d'un royaliste,* 2 vol., Paris, 1888.

FAUCIGNY-LUCINGE, prince de, *Dans l'ombre de l'histoire, souvenirs inédits du petit-fils du duc de Berry,* publiés par André Castelot, Paris, 1951.

GARNIER Jean-Paul, *Le drapeau blanc,* Paris, 1971.

HUGO Victor, *Œuvres complètes : Napoléon le petit. Histoire d'un crime. Choses vues,* éd. de Sheila Gaudon, Paris, 1987.
— *Œuvres poétiques,* t. II, Paris, 1967.

JARDIN André et TUDESQ André-Jean, *La France des notables, 1815-1848. Nouvelle histoire de la France contemporaine,* vol. VI et VII. Paris, 1973.

JOSSINET Alain, *Henri V, duc de Bordeaux, comte de Chambord,* Bordeaux, 1983.

LAMARTINE Alphonse de, *Premières méditations poétiques, Œuvres complètes,* t. I, Paris, 1855.

LOCMARIA, comte de, *Souvenirs des voyages du comte de Chambord en Italie, en Allemagne et dans les États d'Autriche de 1839 à 1843,* Paris, 1872.

LUZ Pierre de, *Henri V,* Paris, 1931.

MAYEUR Jean-Marie, *Les débuts de la IIIᵉ République. Nouvelle histoire de la France contemporaine,* vol. X, Paris, 1973.

MONTI DE REZÉ René de, *Souvenirs sur le comte de Chambord,* Paris, 1930.

NETTEMENT Alfred, *Mémoires historiques de S.A.R. Madame, duchesse de Berry, depuis sa naissance jusqu'à ce jour,* Paris, 1838.
— *Henri de France ou histoire des Bourbons de la branche aînée pendant quinze ans d'exil, 1830-1845,* 2 vol., Paris, 1845.

NOAILLES, marquis de, *Le Bureau du roi (1848-1873), le comte de Chambord et les monarchistes,* Paris, 1932.

PASQUIER Jacqueline du, *Le duc de Bordeaux.* Catalogue de l'exposition du musée des Arts décoratifs (Bordeaux) et du musée Dobrée (Nantes), Bordeaux, 1977 et 1985.

PÈNE Henri de, *Henri de France,* Paris, 1884.

PLESSIS Alain, *De la fête impériale au mur des fédérés, 1852-1871. Nouvelle histoire de la France contemporaine,* vol. IX, Paris, 1979.

ORIENTATIONS BIBLIOGRAPHIQUES

Puy de Clinchamps Philippe du, *Le royalisme*, Paris, 1981.

Quélen Hyacinthe-Louis de, *Oraison funèbre du duc de Berry*, Paris, 1820.

Rials Stéphane, *Le légitimisme*, Paris, 1983.
— *Révolution et contre-révolution au XIXᵉ siècle*, Paris, 1987.

Saint-Albin Alexandre de, *Histoire d'Henri V*, Paris, 1874.

Anonyme, *Histoire du comte de Chambord par un homme d'État*, Paris, 1880.

Anonyme, *Henri V et la monarchie traditionnelle*, Toulouse, 1871.

Anonyme, *Henri de Bourbon. (Propagande de l'Étoile du peuple)*, Nantes, 1850.

Repères chronologiques

1816 Mariage de Charles-Ferdinand, duc de Berry et de Marie-Caroline de Bourbon-Sicile.

1819 Naissance de Louise d'Artois.

1820 *13 février :* assassinat du duc de Berry.
29 septembre : naissance d'Henri, duc de Bordeaux.

1821 *1er mai :* baptême à Notre-Dame.

1824 Mort de Louis XVIII ; avènement de Charles X.

1826 Le duc de Rivière est nommé gouverneur.

1828 Le baron de Damas remplace le duc de Rivière.

1830 *2 août :* Abdications de Charles X et du duc d'Angoulême.
7 août : Louis-Philippe, roi des Français.
16 août : le duc de Bordeaux quitte la France pour l'Angleterre puis l'Écosse (octobre).

1832 Tentative de soulèvement dans le Midi puis en Vendée.
Octobre : le duc de Bordeaux s'installe à Prague.

1833 Naissance à Blaye de l'« enfant de la Vendée », la fille de Marie-Caroline de Berry (mai) ; départ de la duchesse de Berry pour l'Italie (juin).
Visite de Chateaubriand à Prague.
Le baron de Damas est remplacé par M. d'Hautpoul et deux pères jésuites.

1836 *6 novembre :* mort de Charles X à Goritz.

1838 Le duc de Lévis est gouverneur.

1839 Séjour à Rome.

1841 *28 juillet :* chute de cheval à Kirchberg.

1842 Mort du duc d'Orléans.

1843 *novembre-décembre :* Belgrave Square.

1844 Mort du duc d'Angoulême.

1846 *15 novembre :* le comte de Chambord épouse l'archiduchesse Marie-Thérèse d'Este-Modène.

1848   *22 janvier :* lettre à Saint-Priest.
24 février : chute de Louis-Philippe.
Juin : révolte des ouvriers des Ateliers nationaux.
Juillet : mort de Chateaubriand.
Décembre : élection de Louis-Napoléon Bonaparte.
1849   *Mai :* élections monarchistes.
Août : Wiesbaden.
26 août : mort de Louis-Philippe.
1851   *Janvier :* révocation du général Changarnier.
Mort de Marie-Thérèse, duchesse d'Angoulême.
2 décembre : coup d'État de Louis-Napoléon Bonaparte.
1852   *25 octobre :* manifeste du comte de Chambord.
2 décembre : Napoléon III, empereur.
1854   Mort de Charles III, duc de Parme.
1856   *Avril :* visite du comte de Chambord à la reine Marie-Amélie à Nervi.
1861   Voyage en Orient : Terre sainte et Égypte.
1864   Mort de Louise.
Mort du comte Lucchesi-Palli ; souscription légitimiste.
1866   Fin des séjours à Venise.
1870   Mort de la duchesse de Berry.
19 juillet : déclaration de guerre.
18 août : le comte de Chambord quitte Frohsdorf et séjourne à Yverdon.
4 septembre : chute du Second Empire.
1er octobre : lettre à Guillaume Ier.
9 octobre : manifeste.
1871   *Janvier :* protestation contre le bombardement de Paris.
28 janvier : armistice.
Février : élections monarchistes ; Thiers chef du pouvoir exécutif.
Mai : traité de Francfort ; répression de la Commune.
2 juillet : le comte de Chambord est à Paris.
3 juillet : arrivée à Chambord.
7 juillet : publication du manifeste du 5 juillet, dit « du Drapeau blanc ».
1872   *25 janvier :* manifeste.
1873   *Mai :* élection de Mac-Mahon ; ministère du duc de Broglie.
5 août : le comte de Paris à Frohsdorf. La fusion est réalisée.
14 octobre : entrevue de Salzbourg avec Charles Chesnelong.
17 octobre : projet de loi rétablissant la monarchie.
30 octobre : publication de la lettre à Chesnelong datée du 27 octobre.
19-20 novembre : vote du septennat.

20 novembre : le comte de Chambord quitte Versailles.

1874 *27 juin :* Manifeste.

1875 Amendement Wallon reconnaissant la République.

1876 Majorité républicaine à l'Assemblée.

1877 Mort de Thiers.

1879 Démission de Mac-Mahon remplacé par Jules Grévy.
Mort du prince impérial au Zoulouland.

1880 Projet du général Ducrot.

1883 *7 juillet :* visite des princes d'Orléans à Frohsdorf.
24 août : mort du comte de Chambord.
1er septembre : service funèbre à Frohsdorf.
2 septembre : obsèques au couvent de la Castagnavizza à Goritz.

1886 Mort de la comtesse de Chambord.
Exil du comte de Paris.

GÉNÉALOGIE SIMPLIFIÉE DE LA MAISON DE BOURBON

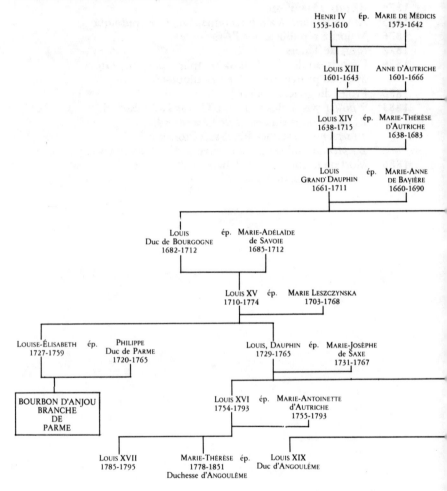

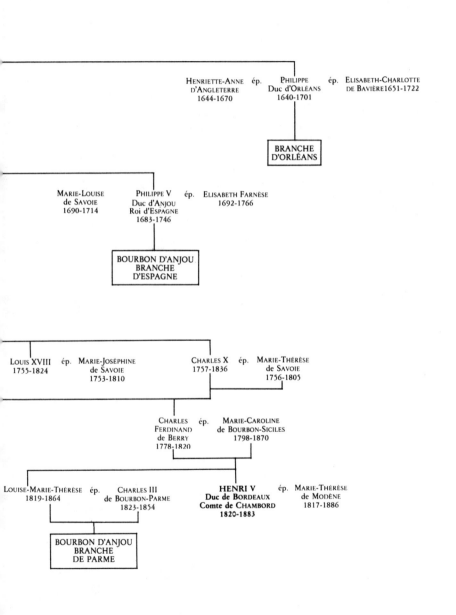

HENRIETTE-ANNE ép. PHILIPPE ép. ELISABETH-CHARLOTTE
D'ANGLETERRE Duc d'ORLÉANS DE BAVIÈRE 1651-1722
1644-1670 1640-1701

BRANCHE
D'ORLÉANS

MARIE-LOUISE PHILIPPE V ép. ELISABETH FARNÈSE
de SAVOIE Duc d'ANJOU 1692-1766
1690-1714 Roi d'ESPAGNE
1683-1746

BOURBON D'ANJOU
BRANCHE
D'ESPAGNE

LOUIS XVIII ép. MARIE-JOSÉPHINE CHARLES X ép. MARIE-THÉRÈSE
1755-1824 de SAVOIE 1757-1836 de SAVOIE
1753-1810 1756-1805

CHARLES ép. MARIE-CAROLINE
FERDINAND de BOURBON-SICILES
de BERRY 1798-1870
1778-1820

LOUISE-MARIE-THÉRÈSE ép. CHARLES III HENRI V ép. MARIE-THÉRÈSE
1819-1864 de BOURBON-PARME Duc de BORDEAUX de MODÈNE
1823-1854 Comte de CHAMBORD 1817-1886
1820-1883

BOURBON D'ANJOU
BRANCHE
DE PARME

Les collections du château de Chambord et du musée des Arts décoratifs de Bordeaux

Le château de Chambord abrite quelques salles évoquant le souvenir d'Henri V : mobilier (dont un lit et le trône de Frohsdorf), objets d'art, tapisseries, peintures et gravures. Nombre de pièces exposées sont des présents offerts au comte de Chambord.

Deux ensembles retiennent l'attention des visiteurs : le parc d'artillerie miniature du duc de Bordeaux enfant et les voitures dont un carrosse préparé pour une entrée triomphale à Paris.

Le musée des Arts décoratifs de Bordeaux conserve l'importante collection (près de vingt mille pièces) de Raymond Jeanvrot (1884-1966). Ce collectionneur passionné au point de parcourir l'Europe, surnommé « Monsieur Fleur-de-Lys » par la princesse Bibesco, s'était intéressé essentiellement aux derniers rois de France. Dans les salles du musée des Arts décoratifs sont exposés les éléments essentiels concernant le comte de Chambord.

Ce musée possède également un fonds Henry Bauquier, ancien conservateur du musée du Vieux Nîmes et auteur avec Gaston Cavalier de l'*Histoire numismatique du comte de Chambord,* de l'*Histoire iconographique du comte de Chambord* (Paris-Nîmes, 1942), ainsi que d'un *Album numismatique et souvenirs iconographiques de la duchesse de Berry* (Paris, 1951).

Le catalogue de Mme Jacqueline du Pasquier *Le duc de Bordeaux* (Bordeaux, 1977 et 1985) rédigé à l'occasion d'une exposition (Bordeaux et Nantes, musée Dobrée) donne des notices sur les pièces les plus importantes.

Table des illustrations

PAGE 1

1   La duchesse de Berry. Boîte rectangulaire en or donnée à Victor Lainé en souvenir de la naissance du duc de Bordeaux. La miniature ovale sur ivoire, signée F. Sieurac, montre la duchesse de Berry, en buste, de face, vêtue d'une robe noire décolletée sur fond gris. 87 mm × 60 mm. Bordeaux, musée des Arts décoratifs, legs de Mlle Henriette Lung, Inv. 76.2.5 (Cliché musée des Arts décoratifs, Bordeaux).

2-3   Boîtes rondes à couvercle décoré : portraits de Henri Dieudonné, duc de Bordeaux, enfant. Diamètre : environ 80 mm. Château de Chambord. (Cliché C.N.M.H.S.)

4   « La France fait hommage du château de Chambord à S.A.R. Mgr le duc de Bordeaux. » Gravure à la manière noire par Jazet d'après Nicolas-Louis-François Gosse. 46 × 32 cm. Château de Chambord. (Cliché C.N.M.H.S.)

PAGE 2

5   « Souscription de Chambord. » Vignette de Couché. Château de Chambord. (Cliché C.N.M.H.S.)

6   « Arrivée de Son Altesse Royale le duc de Bordeaux à Chambord. Dédié à Son Altesse Royale Madame la duchesse de Berry. » Gravure de I. Isabey, 1821. Scène fictive. (Détail.) Château de Chambord. (Cliché C.N.M.H.S.)

241

PAGE 3

7   Le duc de Bordeaux enfant en uniforme de colonel des Lanciers. Plâtre. Hauteur : 120 cm. Château de Chambord. (Cliché C.N.M.H.S.)
8   La duchesse de Berry en veuve, bénissant l'épée que lui présente le duc de Bordeaux agenouillé. Lithographie avant la lettre. 192 mm × 140 mm. Bordeaux. Musée des Arts décoratifs. Inv. 58.I.8631. (Cliché du musée des Arts décoratifs, Bordeaux.)

PAGE 4

9   « Henri et Louise en Écosse. » Lithographie de Fonrouge à Paris. Vers 1831. 302 mm × 410 mm. Bordeaux. Musée des Arts décoratifs. Inv. 70.2.615. Legs Henry Bauquier. (Cliché du musée des Arts décoratifs, Bordeaux.)
10 « Marie-Caroline à Blaye. » Lithographie de Fonrouge à Paris. (Détail). 32 × 26 cm. Château de Chambord, don du comte de Paris. (Cliché C.N.M.H.S.)

PAGE 5

11 Buste d'Henri V vers 1843. Marbre blanc. (Détail.) Hauteur : 55 cm. Château de Chambord. (Cliché C.N.M.H.S.)
12 Modèle de la statue équestre du comte de Chambord, par Gérard. Bronze sur socle de bois. Hauteur : 50 cm. Château de Chambord. (Cliché C.N.M.H.S.)

PAGE 6

13 La comtesse de Chambord. Lithographie de Léon Noël, d'après un tableau de Pérignon. Imprimé par Lemercier. 45 × 34 cm. Château de Chambord, don de M. Guilhem de Pothuau. (Cliché C.N.M.H.S.)
14 La comtesse de Chambord. Gravure. 82 × 53 mm. Bordeaux. Musée des Arts décoratifs. Inv. 58.I.4464. Coll. Jeanvrot. (Cliché du musée des Arts décoratifs, Bordeaux.)
15 Le château de Frohsdorf (Autriche). État en 1986, après restau-

ration. Document aimablement communiqué par M. Ph. Montillet. (Cliché I. Montillet.)

PAGE 7

16 Gravure de propagande. Château de Chambord. (Cliché C.N.M.H.S.)

PAGE 8

17 Buste du comte de Chambord. Signé Charron. Hommage à M. le duc des Cars, 22 septembre 1879. Plâtre. Hauteur : 86 cm. Château de Chambord. (Cliché C.N.M.H.S.)
18 Goritz (aujourd'hui Gorizia). Le couvent de la Castagnavizza, où repose le comte de Chambord. (Tisk GP Soca Nova Gorica 012/84.) Document aimablement commuiqué par M. Ph. Montillet.

Nous devons à l'obligeance de M. G. Loisel la plupart des précisions figurant dans les légendes 4, 5, 6, 7 et 11.

Table

INTRODUCTION   7

I.   L'ENFANCE   11
     L'assassinat de Charles-Ferdinand de Berry   11
     L'ombre d'Henri IV   17
     La naissance d'Henri, duc de Bordeaux   19
     La voix des poètes   24
     Le château de Chambord   30
     L'enfance du « nouvel Henri »   36

II. LA JEUNESSE EN EXIL   43
     1830   43
     L'Angleterre : Lullworth (1830)   50
     L'Écosse : Holyrood (1830-1832)   51
     La détermination de Marie-Caroline de Berry   55
     La majorité d'Henri à Prague   62
     La fin des humanités à Goritz   70

III. VOYAGES ET APPRENTISSAGES   77
     Le fils aîné de l'Église à Rome   77
     L'accident de Kirchberg   85
     « L'héritier des siècles » à Belgrave Square   89
     La mort du comte de Marnes   96
     Le mariage en 1846   97

IV. LES PROJETS DE RESTAURATION SOUS LA SECONDE RÉPU-
     BLIQUE 103
     1848 à Venise 103
     1848 à Paris 111

Le rêve d'une concorde universelle 114
La politique de fusion 120
Ems et l'année 1849.......................... 125
Wiesbaden et l'année 1850 128
L'impuissance du légitimisme parlementaire 131

V.   HENRI V ET L'EMPIRE 137
Le Bureau du roi 138
L'échec de la fusion 145
La souveraineté selon Henri V................. 149
Le roi, garant des libertés.................... 153
Le combat pour le pape 164
Le voyage d'Orient (1861) 167
Les rigueurs de l'exil 171
La chute de l'Empire 177

VI. LE « FIER SUICIDE » POLITIQUE (1871-1873) 183
Majorité royaliste à l'Assemblée en 1871.......... 183
Henri V à Chambord......................... 185
« Je n'abdiquerai jamais » 190
La réconciliation des princes en 1873 192
Henri V et l'Assemblée face à face.............. 196
Leçon aux imprudents....................... 203
Henri V à Versailles 208

VII. ÉPILOGUE 213
La chaîne de nos destinées 213
Les secours du roi 215
La mort d'Henri V.......................... 218
Le drapeau blanc 220
Le légitimisme aujourd'hui 223

ANNEXES 225
Orientations bibliographiques 227
Repères chronologiques........................... 233
Tableau généalogique 236-237
Les collections du château de Chambord
     et du musée de Bordeaux.................... 239
Table des illustrations 241

L'Homme et l'Événement

Collection dirigée par Ivan Cloulas

Des événements qui mettent les hommes face à face avec leur destin et qui scellent en même temps le devenir d'une multitude : tels sont les moments clés de l'histoire qu'illustre la collection l'Homme et l'Événement.

Des récits originaux d'historiens ou d'essayistes évoquent ces instants de risque au cours desquels l'aventure personnelle et la décision d'un individu pèsent sur une évolution collective, à l'échelle d'un peuple ou d'une civilisation.

Antiquité, Moyen Age, Temps modernes et contemporains fournissent tour à tour, pour le plaisir et la réflexion du lecteur, des tableaux vivants où se heurtent de façon dramatique, curieuse ou plaisante, le hasard et la nécessité.

Parus
Régine Pernoud, *Saint Louis et le crépuscule de la féodalité.*
Robert Turcan, *Héliogabale et le sacre du soleil.*
Philippe Masson, *Les Naufrageurs du Lusitania et la guerre de l'ombre.*
Ivan Cloulas, *Charles VIII et le mirage italien.*
Claude Dulong, *Le Mariage du Roi-Soleil.*
Christine de Buzon, *Henri V comte de Chambord ou le « fier suicide » de la Royauté.*

A paraître
Françoise Autrand, *Les Bourgeois de Calais.*

*La composition
et l'impression de ce livre ont été effectuées
par l'imprimerie Aubin à Ligugé
pour les Éditions Albin Michel*

AM

*Achevé d'imprimer en octobre 1987
N° d'édition 10025. N° d'impression L 25389
Dépôt légal, octobre 1987*

Imprimé en France